华夏智库·新经济丛书

U0668332

全零售生态

——面对互联网冲击，企业如何突破重围

QUANLINGSHOUSHENGTAI

赵 予⊙著

—MIANDUI HULIANWANGCHONGJI,
QIYE RUHE TUPO CHONGWEI

经济管理出版社
ECONOMY & MANAGEMENT PUBLISHING HOUSE

图书在版编目（CIP）数据

全零售生态——面对互联网冲击，企业如何突破重围/赵予著 . —北京：经济管理出
版社，2017.3

ISBN 978 - 7 - 5096 - 4846 - 9

Ⅰ.①全… Ⅱ.①赵… Ⅲ.①零售企业—商业模式—研究—中国 Ⅳ.①F724.2

中国版本图书馆 CIP 数据核字（2017）第 007635 号

组稿编辑：丁慧敏
责任编辑：丁慧敏
责任印制：黄章平
责任校对：超 凡

出版发行：经济管理出版社
　　　　　（北京市海淀区北蜂窝 8 号中雅大厦 A 座 11 层　100038）
网　　址：www. E - mp. com. cn
电　　话：（010）51915602
印　　刷：北京晨旭印刷厂
经　　销：新华书店
开　　本：720mm×1000mm/16
印　　张：12.75
字　　数：160 千字
版　　次：2017 年 3 月第 1 版　2017 年 3 月第 1 次印刷
书　　号：ISBN 978 - 7 - 5096 - 4846 - 9
定　　价：38.00 元

序　言

互联网时代的中国零售业变革

互联网时代，中国零售业出现很大的变革，以下数据来自购物中心：

2016 年"双十一"这一天，天猫的单日销售额高达 1207 亿元；但是同年，中国内地购物中心十强全年销售额累计仅为几百亿元，且门店关门消息不断。

2014 年，万达集团打造了线上线下一体化的账号及会员体系，推出了"账户互通"；同时，还通过积分联盟建立了国内最大的通用积分及大数据联盟。

2013 年，银泰与天猫达成 O2O 战略合作，并于 2014 年 3 月推出了 O2O 产品"银泰宝"；同年，阿里巴巴战略投资银泰商业实施 O2O 部署，包括 WiFi 全场覆盖、线上线下顾客资源共享及电子商务体验店。

……

此外，王府井百货、苏宁、永辉等零售巨头还开通了微信支付，尝试推出了"社区服务集成平台"等，建立了线上线下互动融合的新生态。

随着电子商务的迅速发展，中国零售业必须要遵循达尔文的"适者生存"法则，积极进行变革，满足顾客需求，摸透顾客心理，适应未来的环境，积极面对消费竞争，才能通过弱肉强食的考验。然而，面对这种情况，中国零售业出现了非常困窘的局面：在互联网成为人们生活主题的今天，对于很多企业来说，"不变革就是等死"！

任何事物都会随着社会的发展而不断变化，零售业亦是如此。面对日新月异的互联网技术，面对迅猛发展的社会，零售业如果不能紧随其后进行变革，必然会遭受重大失败，甚至会被迫退出市场。

在电子商务如火如荼的今天，中国零售业唯一的出路，也是活路，就是变革。具体说来，主要会涉及以下六点：

1. 观念变革

在电子商务高速发展的今天，零售业经销商必须转变观念，彻底改变零售业与网络不相容的传统思想。

2. 信息系统的变革

这是一个信息爆炸的时代。当前很多企业的现代化程度还很低，许多零售企业依然没有建立起真正先进、科学的经营理念、管理体系、计算机管理系统……因此，要想尽快变革，就一定要重视信息系统的变革。

3. 打破"孤岛"，实现信息共享

"信息孤岛"是传统零售业失败的重要原因，要想走出这一困局，就必须打破这一现象，真正实现信息共享。如利用互联网改善企业的采购和销售，结算部门与供应商、顾客之间的业务流程和沟通等。

4. 企业业务流程重组和优化

要想使用电子信息技术支持自己的业务，就要先进行业务流程重组。

5. 提高企业经营管理水平

电子商务的迅猛发展，让越来越多的零售业充分认识到：要增强企业竞争力，就必须充分利用信息技术，提高经营管理水平。

6. 充分进行顾客关系管理，提高顾客满意度

零售业面对的顾客千千万万，要想让他们满意并成为忠实顾客，就必须实施顾客关系管理，提升顾客的满意度。

本书从以上六个方面进行论述，详细阐述中国零售业变革在电子商务时代的方向与步伐，为迷途中的零售业指明前进的方向！

目　录

第一章　互联网时代下的中国零售业
——身处时代暴风眼，波谲云诡有晴空

消费者生活方式的改变对零售业的影响

一、零售业中的消费行为

每到国庆，网络上都会上演一波波折扣大战：当当的"斩首行动"、京东的"沙漠行动"、国美库巴网的"夜总惠"、苏宁易购的"国庆大惠战"……但这一切都不如淘宝商城的"双十一"来得凶猛。

多年前，淘宝就像个集市，还算不上商城，商家也没有今天这么多，当时称"双十一"为"光棍节"都很新鲜。其实，团队刚建立时，大家的想法很简单，就是做个购物节，让消费者能好好地在网上消费一把。于是，2009年淘宝商城就策划了"双十一"，打出了自己的口号：光棍节没事干，不如逛淘宝买礼物送人！发展到今天，"双十一"一改"光棍节"的寂寞情调，

成了欢乐的"双十一购物狂欢节"，别名"剁手节"。

自 2009 年淘宝开创了这个节日后，"双十一"的规模与日俱增，无论是公交地铁上，还是手机电脑上，铺天盖地的狂欢宣传早已让这个节日深入人心。2009 年淘宝"双十一"当天的销售额不过 5200 万元，可是到了 2016 年这一数字已经攀升到了 1027 亿元！消费者在"双十一"爆发出了无穷的购买力量。

淘宝商城走的是 B2B2C 的商业模式，拥有各行业数以万计的优质网商，但要在全站策划并落实一个超大的促销活动，沟通是最重要的。只有建立高效无间的沟通机制，才能在有行业差异、运营差距的商家之间，协调好参与目的、配合程度等核心需求。因此，不仅需要所有部门倾尽全力，提前进行压力测试，对商家售前备货、售后服务等各个运营节点上的操作能力进行检验和提升，还要提前让网站系统均衡优化，使得流量承载、订单支付、物流配送等关键点对接流畅，让消费者拥有完美的用户体验。

提起"双十一"，想必很多人都会会心一笑。2009 年以来，"双十一"俨然成为中国互联网最具规模的大型商业活动，网购成交量也随着时间的推移连创新高。随着移动互联网的发展、成熟，现代中国人的购物中网购已经占了大半部分，零售商要想跟上 O2O 市场变化的脚步，就要从更深层次把握和理解中国购物者的行为，这才是重中之重！

尼尔森是世界著名的市场调研公司，其核心业务是为顾客提供"消费者在看什么"和"消费者在买什么"的洞察报告。尼尔森在《2013～2014 购物者趋势报告》中，全面深入地为中国购物者进行了画像。报告显示，在如今多选择、多渠道的市场中，中国购物者变得更加挑剔，更愿意把目光投向新产品及品牌。

如今，中国消费者的行为变化莫测，对零售商和生产商来说，更好地理解消费者心理，知道他们想去哪里买、想怎样买以及如何做出购买决策等，并抓住消费者日渐精明的芳心，都是至关重要的。因此，在销售产品之前，零售商就要对消费者的行为从环境、认知的角度进行研究，搞清楚人们为什么购买、如何购买，弄明白人们的交易方式和个人情感、生活方式的关系，对消费者的总体消费态势、现有消费、潜在消费者进行深入分析。当然，要想搞明白这些问题，还需要考虑以下问题：现有消费群体的构成、消费行为、消费态度及消费习惯；主要问题点主要机会；潜在消费者的特性、行为偏好、品牌偏好及机会点等。

分析消费者行为，就可以发现，很多内外部因素都可以影响零售的最终结果。在整个零售过程中，消费者通常要经历几个阶段，每个阶段的决策都或多或少地受这些因素影响。因此，要想获得主动权，零售商必须先认真分析这些因素，找出最敏感点；然后，据此设计市场营销活动。零售业态的创新，就是整合消费者行为中各种因素综合作用的结果。

二、零售业态变革中消费者行为的变化

在世界范围内，全球零售商业经历了两次重大革命：第一次是百货商店的兴起。各种商店利用店面、橱窗、招牌和货架陈列等，吸引顾客购买商品。第二次是超市的出现，不但扩大了规模、增加了品种，而且价格低、周转快，再加上消费者可以自选商品，多种货品一次结算，不仅适合现代化大生产，还方便了消费者。

消费者的行为自然会随着零售业态的变革逐渐发生改变。一般来说，主要表现在以下三个方面：

（一）文化的改变

在传统零售业中，消费者之所以会做出购买决策，很大程度上是受他人的帮助和指导，由他人引导自己。但在社会环境不断发展变化的今天，消费者越来越趋向于凸显自我价值，并突出表现在零售领域。超市的自选销售方式就是一例。消费者更热衷于自由购买、挑选，购买时的满足感、参与感、主动性、创造性才是人们想要的。

（二）生活方式的改变

如今，不仅生活水平在提高，人们的生活方式也发生了翻天覆地的变化：购物不再只是女性的"特权"，身体健康和生活品质成为主旋律，科学规范和情趣成为生活的主宰，自我意识越发强大。随着消费者的行为变化，零售业的变革也在不断创新。人们的行为深受生活方式的影响，零售业形态同样体现了生活方式的变迁。

（三）中国特有的感性购物心理

有人说，中国人购物的最大特点就是感性。改革开放初期，我国经济建设还不健全，国人生活中讲究节俭、实惠，注重功效。但现在钱包越来越鼓，基本的产品功能已经不足以满足人们的需求，更多的满足感需要通过"面子"来实现。

在不少人心目中，"面子"比钱更重要！为了保住和增加"面子"，钱财可以变粪土，只要攀得比别人高，炫得比别人好，就是件"光宗耀祖"的事。带着情感消费，做事就容易冲动，也就容易受客观因素的影响，因一时的情感变化而做出购买决策。同时，一旦养成这种基于直观情感选择商品的习惯，消费者在选择商品时就会忽视了综合因素，而只看颜色、款式、形状、价格。

中国人购物的另一特点即喜欢从众。只要他人表现出令人感兴趣、羡慕、向往的行为，无论流行与否，都要刻意模仿。为了吸引消费者购买，可以把宣传重点转移到时尚和制造明星效应上。

三、新形势下，我国零售业发展的策略探讨

新形势下，零售业如何才能谋求发展呢？

（一）提升产品品类

反观消费者的求变行为，我们从中可以总结出一个规律：当市场环境变化时，零售商在品种结构、管理方法、营销策略上的改进速度无法满足消费者的需求时，消费者就会降低对企业和品牌的忠诚度。只有紧追热点，跟上消费者的消费结构升级速度，加快货源更新速度，不断更新产品品种，构建一支"新产品导入队伍"，跟上消费变化的步伐，才能不被淘汰，才能不断创新。

（二）品牌定位差异化

通常，在选择业态前，外国的零售巨头都会全方位分析自身的优势和特点，了解目标顾客需求，找到特征鲜明的新业态，并迅速占领巨大的市场份额。比如，家乐福、万客隆、麦德龙等，几乎都是以仓储超市这种当前主力化的模式进入中国的，就是想在未来中国连锁业发展的道路上抢占制高点。

对于我国的零售商来说，业态界限模糊是常态，市场定位、目标市场趋同，产品差异、服务差异等几乎可以忽略不计，千店一面，经营特色极为贫乏。这样，各企业间自然就无法拉开差距，毫无经营梯度可言，自然会直接

导致顾客流失。只要零售企业还想站稳脚跟，在风浪里前行，赢得忠诚顾客，就要先明确自己的市场定位。当然，不同的业态，目标市场和市场定位也应该不同。

（三）优化管理行业形态

目前，一线城市的大型百货商场已经发展成熟，开始显示出衰退迹象。同时，超市、大卖场、专业店、专卖店等新业态越来越受到都市消费者的欢迎，已经进入快速成长期。尤其是连锁经营，让顾客购物更加便利，深得消费者的青睐。

此外，互联网的发展，给消费者提供了网络商店这一新渠道。对于这种新型的无店铺零售业态来说，所有的经营活动都在互联网上进行。网络商店不仅是企业拓展销售渠道的新平台，也是为顾客提供方便、周到的购物环境的有效方法。

目前，为了给顾客提供更便捷、更安全的网上购物环境，很多知名零售企业都将店铺开到了网上。

（四）加强管理的多业态混合经营

如今，许多大型零售企业都采用了多业态混合经营的方式，从不同的角度满足顾客的多方需要。其实，这种做法就是对整体目标顾客的进一步细分，组合业态经营，为消费者提供深层次、全方位的服务。

这种涉及不同业态的组合运营方式，管理运作起来相当复杂，企业必须不断强化单业态经营，加强不同业态间的联系性和互补性。可是如今大型零售企业的资源并不充足，所以在具体落实操作之前，就要尽量选择与各业态契合的目标顾客进行组合，使各业态相互呼应，充分把商场的整体目标顾客定位展示出来。

业态组合过于牵强，不仅无法发挥"合力效应"，自己的竞争力也会赶不上资源利用相对集中的单一业态竞争者。

（五）提高终端的服务水平

终端营业员是与顾客接触的第一人，其服务水平的高低会直接反映在顾客对企业的评价、态度上。高素质的营业员也是企业价值的重要组成部分。因此，营业员必须树立以顾客为中心的理念，在工作中诚挚地为顾客提供服务。

为了实现这一点，就要从以下几方面努力做起：仪表端庄、大方；衣着干净、整洁；态度积极；掌握丰富的商品知识；重视语言艺术，善于与顾客沟通；应急能力出众；服务意识强；自觉提高服务水平。

（六）建立健全消费者反馈和退换货反应机制

消费者的行为包含着一系列过程，如购买前、购买中和购买后，增加对消费者购买后的关注度，就可以有效地提升消费者对企业的满意度。

为了有效缓解消费者在购物时的受挫感，只要是消费者提出的问题，企业就要积极回应。如果消费者对企业的回应感到满意，还会进一步对企业产生好的态度和情感，这样非常有利于促进新一轮购买。

为了收集顾客的反馈，有家超市在一个明显的位置建立了意见箱、意见簿；同时，他们还派专人回应消费者的抱怨。

此外，这家超市的退换货机制也相对灵活。消费者只要来这里购物，基本上都可以满意而归。因此，顾客对此超市的忠诚度就比较高。

电商冲击，零售业面临的机遇与挑战

一、传统电商遭遇到电子商务

2014 年，一大片阴霾笼罩在国内连锁超市企业头顶。比如，英国最大的零售巨头——乐购（Tesco），被华润万家关闭了 6 家山东门店。但这仅仅是个开始。接着，乐购在安徽、广东等地的门店也相继被关闭。

其实，早在 2013 年 10 月 2 日，乐购就联合华润万家成立了合资公司，对企业进行了有效的整合，令人充满期待。可是，此次合作并没有产生预期的效果。乐购一路亏损，自然也波及了华润万家。

外界认为，乐购虽然在全球 14 个国家有 4300 多家门店，年收益也突破千亿美元，但由于在中国的门店数量太少，使得仓储、物流成本居高不下。据统计，2012 年，乐购在中国内地亏损达 10 亿元。

在这则案例中，乐购之所以会出现不好的发展状态，并不仅是因为乐购水土不服，还在于本土的华润万家和其他零售企业的连锁反应。为什么会出现这种状况呢？崛起的电商占了传统商超的利润空间！

今天，很多年轻人空闲时都喜欢宅在家里，如果想买商品，只要在电脑或手机上下单即可。消费习惯的改变，成就了淘宝、天猫、京东等电商企业。

提起电子商务，我们先想到的就是淘宝和天猫。其不仅颠覆了传统的商业模式，还给传统零售业带来了不小的挑战。

2014 年是公认的电商元年：阿里、京东、聚美优品纷纷上市。这些电商企业的一举一动都受到了公众的关注，让人直呼"有钱任性"。

以往，只要提到零售业，人们想到的多半都是沃尔玛、家乐福、大润发。但没过多长时间，连锁零售业似乎一夜之间就被烙上了"传统渠道"的烙印，新兴电商都成了资本追逐的零售业宠儿。就连"双十一"、"双十二"这些普通的日子都变成了全民狂欢购物节。

2015 年，电商的势头不仅没有减退，还在最短的时间里渗透了实体，唱响了全渠道营销的号角。这次，京东并没有将购物狂欢放到年底，而是在年中就打响了商战的第一炮。6 月底，以"火红 6 月"为宣传点，满世界都在为京东做宣传。在这次活动中，6 月 18 日的促销力度是最大的，一度将京东的"6·18 大促"推上了与淘宝"双十一"比肩的全民网购狂欢节。

当淘宝、天猫、京东、苏宁、国美、当当网、唯品会、1 号店等电商野蛮生长的时候，传统价格战也被搬到了网络舞台上，消费者们纷纷到网上"讨便宜"，甚至连粮油、卫生纸等都在网上购买。

时代变迁，随着市场经济改革步伐的不断加快，源源不断的外资连锁超市、大型商业综合体拔地而起，电商的迅速蹿红以及消费观念的转变，使得传统零售业只能在夹缝中求生存，不堪重负的百货商场纷纷退出市场。比如，2015 年，"新中国第一店"的王府井百货一季度的营业收入同比下降 4.9%；年底，将株洲门店以 100% 股权、1030.11 万元的价格挂牌出售，市场份额不断收缩。

二、电子商务给传统商业模式带来的挑战

如今，越来越多的卖家和买家入驻网络电商平台，网络也变成了消费主

战场。电子商务的迅速成长，无时无刻不在挤压着传统零售业的市场份额，其影响不容小觑。

知己知彼，才能百战百胜！传统零售商要想绝处逢生，就一定要充分认识和了解电商购物的优势。那么，面对电子商务的冲击，零售业最严重的危机是什么呢？

（一）"免费"是电商的基本套路

传统零售业多为实体店，而网店则落户在虚拟的网络平台上。比如，淘宝网吸引卖家的一大利器就是"免费"。谁不想开店不要成本？可反观实体店，又要缴纳租金，又要出资装修，特别在大城市的商业中心，租金贵如黄金，这样，经营成本就把大批卖家推到了门外。再加上网络地域"开阔"，顾客量远大于实体店，自然会吸引更多的卖家。

另外，通过网络，还可以免费做广告。通常，传统商业广告需要支付很高的费用，而且宣传渠道也极为有限。而网络平台则能够覆盖全国，是卖家开拓国内市场最便利的渠道。无论是历史成交记录，还是实时评论，都是不错的宣传手段。

（二）范围大、便利多

如今，跟着网络的发展，人们的购物观也发生了很大的改变。电商出现后，为了买到称心如意的商品，人们再也不用跑遍全城了，也无须受营业时间的限制，个人消费更加私密，消费市场更加广泛。即使待在家里，也可以随心挑选；看到符合心意的，就可以直接下单。再加上物流配送的便利，消费者购物有了很多方便。

（三）具备一定的价格优势

商品销售绕不开价格，电商的出现，让商家可以直面大众消费者，卖家经营成本更低。电商的顾客遍布全国，将零售商的竞争舞台搬到了全国，自然会制定更低的价格。

如今，有些消费者喜欢到实体店体验产品，然后跑到淘宝上找代购。从这些途径获取产品，价格往往比实体店要低，这就满足了消费者"同样的货用最低的价格买"的心理。

（四）营销策略抓得好

好的营销策略是电商成功的一把利器。比如，天猫"双十一"、京东"6·18"等都通过隐秘营销、饥饿营销策略，摇身一变，成了万众瞩目的购物狂欢节。这种营销方法抓住了消费者"爱占便宜"的传统心理，在营造节日气氛的同时，让人们产生了更多的电商购物情结。

三、应对电商挑战，抓住机遇

近些年，对于电商和传统零售业将会何去何从，人们都很关注；两者也从早期的死对头，变成了好基友。正如一名企业家所说的："今后，纯电商必死！纯线下零售业也必死！"这可不是吓唬人的言论。从古至今，危险总与机遇相伴，没有"危"怎会有"机"？电商优势再多，缺陷同样无处遮掩。

目前，线上电商和线下店的优劣势一目了然：线上电商手握品类多样的商品、低廉实惠的价格、风格迥异的商品展示、全方位的售后服务；而线下店铺则掌控着现实体验和即买即收的两大命脉。传统零售业只要在挑战中抓好机遇，一边借鉴网络购物的优点，一边拿自己的长处"攻"其短处，便可以找到活路。

（一）线上线下有效配合

电商冲击虽猛烈，传统零售业也不是毫无还手之力，线上线下配合好，利用网络资源实现产品推广，也是不错的办法。一来可以建立网络根据地——官方网站，二来可以在微博、微信等平台上推广、增加买卖双方的互动。这样，不仅可以构建良好的品牌形象，还能增加买家的信任度与忠诚度。在这一点上，快递巨头顺丰做得就特别好。

2014年5月，顺丰开了一家便利店——"嘿客"。除了物流老本行，还提供商品预购、水电缴费、电话充值等便民服务以及网购线下体验O2O服务。

（二）注重质量，增加体验

电商有个致命的"短板"，那就是商品太多！没错，商品琳琅满目确实是一件好事，可是如果商品质量良莠不齐，价格差异令人瞠目结舌，再加上假货泛滥，消费者的体验度自然不会好。所以，能实实在在地用肉眼看得见的好商品，才会受到顾客的青睐，毕竟，网上的东西看得见摸不着。同时，网络购物还存在资金安全与信用风险这一大难题。比如，最近几年王府井百货因为没有增加停车位，所以也就只能吸引来王府井旅游的散客。

面对电商，永辉超市不断尝试变化。2014年11月6日，永辉Bravo红星苑店在福州市开业，采用的德利捷（Datalogic）的Joya·X1设备让人耳目一新。

这是一款完整的自助购物系统，消费者拿着它可以随扫随记账，随时掌控商品价格及购物金额，省去了排队结账的麻烦。

这个设计的最大好处就在于，顾客不用排着长队等待结账。只要到超市的自助结账机前，扫描一下这个Joya·X1，读取购物信息，就可以顺利地使用现金、银行卡、购物卡等结账。

这种便捷的购物方法，不仅为顾客节省了排队结账的时间，还让店面库存管理更高效，有效降低了运营成本，极大地提高了运营效率。

（三）找准定位，增强互动

自古以来，盲目销售的结果都只能是滞销。为此，要想提高营销效果，就要搞清楚消费者的购物意向以及人们可以接受的价格范围。比如，现在的顾客都讲究个性，对于那些满大街都可以看到的产品，他们是相当抵触的。只有让自己的产品更具吸引力，才能引来顾客的目光和钞票。

（四）看紧售后，增加回头客

很多电商卖家还是传统的"货郎思想"——一锤子买卖，产品卖完了，售后也就成了空壳。售后客服形同虚设，或者售前售后180度大翻脸。其实，售后服务才是产品成功再次出售的关键，对传统零售业来说，更要把握好这一点。

O2O 模式对传统零售业的改造

一、银泰百货的 O2O 营销模式

银泰百货门店提供免费 WiFi。顾客只要走进门店，打开 WiFi，就会连接上服务范围的通信 ID，就可以接收到商家推送的信息。

与机场的实名注册一样，顾客手机号码是一个重要的身份识别入口。顾客第一次进入银泰百货门店并注册后，之后只要再次进入银泰百货任意一家实体门店，都会自动连接 WiFi。同时，银泰百货则会通过对访客（包含购买用户和 VIP 用户）身份的识别和定位，建立起交互渠道，把有关商品的信息目录、购买信息等导入后台系统，形成大数据，分析出顾客的购买行为和消费决策。

其实，银泰百货门店之所以可以通过 WiFi 精准地定位顾客，并推送个性化信息，一个关键的原因就是，很好地融合了线上和线下等会员数据。顾客手机号一旦和数据库进行连接，银泰百货就可以得到该顾客网点的购买行为记录，从而利用历史数据，为顾客推荐其喜欢的商品。

顾客上线后，系统就可以从用户行为数据库里找到个人偏好，然后再通过 WiFi 锁定顾客，做反向推送，从更全面的维度获得顾客信息。

2014 年 9 月，银泰百货在其门店使用了百度智能眼镜——Baidu Eye。基于 Baidu Eye 的大数据库，顾客只要佩戴眼镜进入商场，就能知道所见货品哪件是明星同款、哪件是自己偶像代言的、附近商圈内某品牌商品有哪些不同款式、商品背后的品牌故事、社交网络上的用户评价等。同时，顾客还可以通过官网和主流电商网站进行价格对比，还可以将 Baidu Eye 当作 GPS，尽快找到某品牌专柜、收银台、洗手间等。

Baidu Eye 最大的作用就是，通过视觉了解用户所求并反馈信息。我们有理由相信，其未来一定会在更多 O2O（Online to Offline）场景里帮用户解决问题。

2014 年 7 月，银泰网联合朝阳大悦城，打造了一家线下体验店——银泰网 IM 精品店。他们将网购体验区设置在柜台中岛，通过多台 iPad，顾客可以极速上网浏览商品信息，还可以现场买货取货或网上下单配送到家。这一设计，将线上客流引导与线下商品体验完美地结合在了一起，为顾客提供了线下消费下单、在线支付的良好体验。

不可否认，正是因为银泰网和朝阳大悦城探索出了新的商业模式，才有了这次战略携手。目前，这种方式还是一种创新的O2O合作模式。将双方的利益延展到"线下"、"线上"两个领域，可以激励双方一起将客流顾客引导到店内消费。如此一来，银泰网的线上客流、朝阳大悦城的实体客流，就通过两者的相互引流，实现了利益最大化。

二、O2O商业模式

你也许不了解O2O，但至少知道团购，而团购不过是O2O模式的冰山一角。

O2O模式的主要内容是：消费者所购买的商品和服务都要在线支付，然后到线下领取或享受服务。不过，团购只是O2O模式的幼儿园阶段，两者的区别则在于：O2O是网上商城，团购只是临时的低折扣促销，对商家而言，团购不是可持续的营销方式，长期而言肯定不行。不过，也正是由于团购的热火朝天，才为O2O商业模式拉开了序幕。

团购通过为用户提供打折、服务预订等方式，利用互联网，把线下商店的动态推送给用户，把用户拉进线下门店。因此，商家为消费者提供的必须是到店消费的商品和服务，比如，电影院、餐馆、健身房、美容美发店等。

作为互联网与线下商务结合的新模式，O2O很好地为传统行业解决了电子商务化问题。但是，我们也不能因此就把O2O模式简单地理解为互联网模式。企业要想充分利用此模式，就要加强自身的线下服务能力。可以说，线下能力的高低，直接影响着这个模式的成败；而线下能力的高低，又被用户黏度掌控着。因此，未来驰骋电子商务市场的零售企业，必然会拥有大量优势用户资源，本地化程度也会较高。

当然，成功应用 O2O 模式的关键还在于，通过平台吸引消费者后，产品和服务都要让消费者到线下去体验，因此一定要提高对线下服务的要求。

三、O2O 不同的商业组合模式

运用 O2O 模式时，必须先理清思路，同时包含线上和线下两个业务或社区。之后，就可以通过以下四种组合模式来实现了。

第一种："线上社区 + 线下消费/社区"。

采用这种模式，顾客必须到线下消费，线上的作用主要是互动交流、开展一些优惠促销活动。通常来说，像宾馆、餐饮等需要顾客亲自到店的行业，都比较适用这种方式。

2015 年 4 月 28 日，万豪在苹果手表上线了自己的 App，上线了自己的创新项目——移动及数码旅行服务。旗下两家酒店的会员都可以使用这款 App 在线办理预订、入住和退房手续，甚至苹果手表还可以代替房卡。从 4 月 24 日起，会员购买苹果手表后，就可以使用相应的移动应用程序查询预订酒店的信息、酒店路线，办理入住、退房手续等。

当客人带着苹果手表进入客房时，客房会立即识别出客人的苹果手表，读取住客信息，把室内温度调好；如果客人饿了，还可以用苹果手表上的 App 选择客房服务；如果想看电视，只要简单操作苹果手表，根据上面的菜单，就可以挑选电视节目了。

苹果手表是穿戴设备界的吸睛代表，在全球拥有众多忠实拥趸。其内置功能丰富且贴近现代生活：微博、微信、支付宝、携程、美拍……此外，其 NFC 模块还能为 Apple pay 的支付功能提供支持，让一只手表秒变成银行卡、酒店门卡。

万豪酒店集团利用 iPhone 6，正式推出了与苹果手表关联的移动应用，预订、登记、支付、开锁等一系列程序都可以在苹果手表上完成。如果顾客想给酒店点赞或吐槽，只要用美拍做个记录，分享到微博、微信等社交平台上即可。

从场景到触点，万豪建立了一个完整的酒店 O2O 路径。

如此，不但有效降低了人工成本，提高了酒店工作效率，还为客人提供了绝佳的入住体验。

第二种："线上消费/社区 + 线下社区"。

这种模式只专注于线上销售，还有在线交流、开展促销活动等；线下的作用主要是为顾客提供面对面的交流互动和现场展示。一般来说，没有实体店的纯电商都可以使用这一模式。

第三种："线上消费/社区 + 线下消费/社区"。

这种模式需要线上、线下同时销售，需要线上、线下交流互动，还可以分别展开优惠促销活动。不仅线上网店，线下的一些门店商家也比较适合这种方式。

为了刺激消费，提高营业额，日本 AEON 超市幕张新都心店，采用了不同的 O2O 模式，顾客可以通过手机、App、商场内海报、装置、商品等进行互动。

（1）在蔬果卖场，只要用手机对准卖场内的海报拍摄，就可以立即获取相关的蔬果信息和在线食谱。

（2）通过手机 App 对卖场内的宣传影片和电子板声音进行辨识，就会看到相关的内容和广告片。

（3）在红酒专卖店的品酒区，把红酒的樽底放在触控装置上，就可以看到该红酒的相关数据，找到其在店内的位置。

另外，还可以下载酒类 App，获取更多的产品信息。只要用手机扫描酒类包装，就可以在 App 上看到该红酒的介绍；还可以通过链接，到 AEON 的网上商店购买相关产品。

第四种："线上社区 + 线下社区"。

这种模式没有销售业务，适用于需要同时进行线上、线下交流互动的社交平台。如果将线上消费（社区）进行细分，还能分出许多阵地，比如，官方网站（网店）、移动 App（移动网店）等。

当然，上面这几种 O2O 商业模式，不管怎么组合，其重点都是留住老顾客、引流新顾客。只不过引流既可以在线上发起，也可以来自线下。当然，不管采用哪种方式，最终都要将线上、线下融会贯通。

不管是将新顾客引至线下，还是将新顾客引到线上，都要为其提供优化过的注册和服务流程，如此一来，才能将他们转化为真正的顾客，并使之融入社区或直接消费。之后，就可以实现工作重点的转移，将顾客变成长期消费顾客了。

大型综合超市 E – Mart 隶属于韩国新世界集团旗下，2015 年创新式地推出了 O2O 新玩法：在人流量巨大的场所，比如广场、商场、大厦、地铁等地，投放了带 WiFi 的气球，创建了很多空中"店面"。顾客只要连接 WiFi，就可以在线下载网购优惠券，即使顾客离超市十万八千里，也能够被吸引到门店或移动购物端。结果，E – Mart 的线上销量剧增。

四、零售品牌O2O未来发展趋势

把线下商业机会和互联网有效结合起来，把线下交易提前放到互联网上，就会形成线上揽客、线下服务的模式，这就是O2O的简单解答。

由于既可以在线上平台筛选服务，也能够在线支付成交结算，O2O很快形成了规模，我们有理由相信，零售品牌的O2O未来发展模式，定然会体现以下三个特点：

（一）满足一站式与便利紧急购物的需求

未来，零售业态会向体验完美、更便利、更高效发展。目前，电商业态满足的主要是单品长尾的购物需求，而在体验购物需求的满足方面，却不如购物中心；在便利紧急购物需求的满足方面，则不如便利店；在一站式购物需求的满足方面，则不如超市。因此，要想突破零售O2O终极模式，就要更好地为顾客提供服务，满足顾客的一站式购物和便利购物需求，仅解决了单品长尾购物等问题，很难超过淘宝、京东。

（二）消费者及其行为大数据化

如今，大数据已经成为一种大趋势。在大数据时代，每个消费者都将趋于透明化。消费者及其行为也会被大数据记录、描述出来，这就给企业与顾客建立关系提供了技术支持。从这个意义上说，企业销售的核心课题不再是传统的渠道关系、终端关系、媒体关系了，而是如何使产品滚雪球般增长。

（三）深入融合线上线下

当传统零售企业不断推进O2O业务时，线上必然会和线下进一步融合，尤其是数据的融合，传统零售企业的数据积累会比网络零售企业更丰富。同时，线下数据还能够有效地为用户转化（精准营销）的提升、用户购物体验（优化产品品类、商品陈列、交易流程等）的优化等提供数据支持，最终达到提升竞争力和用户忠诚度的目的。

传统零售业，被颠覆不是最终命运

一、电商时代，传统零售业的逆袭

美国著名连锁百货公司——梅西百货（Macy's），是纽约市最老牌的高档百货公司，隶属于美国联合百货公司。从 2010 年改革以来，公司市值和销售规模不断增长。

梅西百货的董事长、总裁兼 CEO 泰瑞·伦德格伦（Terry Lundgren）认为，这些都应归功于 M. O. M 发展战略——Mymacy's（我的梅西百货）、Omni Channel（全渠道零售）、Magic Selling（魔术营销），分别着眼于本地化、线上线下资源整合和服务品质。

下面我们就来看看梅西百货是怎样布局全渠道零售的：线上线下，体验无差异。

自 1996 年开设官网 Macys.com 以来，梅西百货就利用最新科技打通了线上线下，实现了移动渠道的相互借力。

（一）梅西百货的全渠道策略

所谓全渠道零售，即围绕消费者，利用现有的销售渠道，使消费者在各渠道购物体验间无缝链接，同时最大限度地体验愉悦的消费过程。顾客可以同时通过手机、互联网、呼叫中心、实体店、目录等企业渠道，随时随地购物。

采用这种方式，梅西百货联合布鲁明戴尔（Bloomdale）百货店，率先进行了一系列试点项目。比如，提供互动性较强的自助服务技术，将网络购物体验移植到实体店，加速了购物结算流程。具体来说，主要为用户提供了如下服务：

（1）搜索与送货到家。将后台库存系统和前台收银系统整合起来。比如，顾客在梅西百货或布鲁明戴尔百货的任意一家店铺，看中了一款商品，如果没有合适的颜色或尺码，销售人员就会进行网络搜索，找到合适的商品，帮顾客下单，然后，把商品直接递送到顾客家中。

（2）美容小站。这是一款安装在实体店里的自助服务机，是一个化妆品信息"仓库"。通过这台机器，顾客不仅可以搜索到有关化妆品的产品功能、库存等信息，还可以在线购买化妆品。现场通常都会安排专门的工作人员，主动为顾客提供服务，协助顾客处理信用卡交易。

（3）电子屏幕。在梅西百货和布鲁明戴尔百货实体店里，都装配有电子屏幕，不仅能为顾客提供与美容小站类似的服务，还可以辅助送货服务。通过数字签名套件和全球定位系统，工作人员可以准确定位顾客的送货地址、准确地管理送货流程。

（4）真试衣。这项服务是梅西网上商城上的一款应用工具，只要对典型的"实体店特性"进行筛选，女性顾客就可以精准地找到最适合自己的服装了。

（5）顾客响应设备。梅西百货对传统的付款设备进行了改装，使之成为像谷歌钱包一样的新型支付工具。此外，店内 WiFi、电子收据等设施也被纳入了"全渠道"项目范围。

（二）让购物体验简单而周到

梅西百货采用的多渠道策略主题鲜明——"让购物体验简单而周到"，让顾客享受到更快捷、更轻松、更高效的购物体验。

考虑到顾客的网购习惯（到网上了解商品，到实体店内体验商品），梅西百货还增加了许多新设施，给顾客提供了最完美、最周到的购物体验。

（三）同步应对线上冲击

（1）线下门店转做配送中心与电商物流抗衡。为了对抗来势汹汹的电商巨鳄亚马逊，梅西百货将全美国 800 多家门店都改成了配送中心。

（2）强化顶级设计师品牌。梅西百货利用其顾客资源、品牌知名度以及实体店的全国覆盖，不仅加强了自营品牌的实力，还与顶级设计师以及名人合作。

（3）借助社会化媒体之力造势。在虚拟渠道中，社会化媒体的潜力市场最值得挖掘，为了推动自身向全渠道转型，很多百货商都尝试使用 Facebook 等热门社交媒体，梅西百货也迅速出击，在 Twitter、Facebook 上先后开设了官方账号，吸引了大量粉丝。

如今，传统零售卖场发展正面临着严重危机，随着行业整体增速的放缓，个体经营的压力也越来越大。传统零售业内的转型呼声日渐高涨，各大零售商相继转型互联网化，推动了线上线下的融合。

二、传统零售业——被颠覆不是我们的命运

2013 年 10 月，成都，春熙路，20 年的地标性建筑——"太平洋百货"

关门歇业。

2014 年 4 月底，北京，望京商圈，华堂商场、卜蜂莲花，这两家有忠诚顾客、口碑不错的外资超市，因利润过低相继无奈关门……

如果觉得 2013 年的零售行业业绩还算差强人意，那到了 2014 年，面对行业现状，相信任何一个人都笑不出来。这一年，整个零售终端都出现了"屋漏偏逢连夜雨"的局面，电商反而成了一种基础能力，成为企业降低成本、增强购物体验的核心。

不过，虽然关店浪潮一浪高过一浪，但也告诉我们，整个行业已经迎来了真正的"市场拐点"。如果转型的目的仅是把控风险而非主动投入，必然会失败。就像马云总结的那样，传统企业对于电子商务必然要经历"看不见、看不起、看不懂、来不及"的过程。

（一）消费碎片化

现在，很多消费需求都是"拍脑袋"。比如，在中国遍地开花的便利店中，美宜佳已经以每年 30% 以上的速度让 5000 家店在中国落地生根。

为什么便利店能在传统零售业萧条的环境下，如此蓬勃发展？同超市比起来，便利店品类不算多，卖的也只是最畅销的产品，但人家的秘诀在于——24 小时营业！半夜口渴了想买瓶水，你会网购吗？差异化竞争就在这儿，关键在于满足顾客的碎片化需求。

远水解不了近渴，半夜口渴时你肯定不会上京东买水，成本太高！这个经济效应是互联网没有触及的，但实体零售却可以做到。

其实，这种需求满足的滞后性，就是传统零售的机会。当然，便利店不只卖商品，还代办手机充值、收存快递、代收换洗衣物、充值交通卡、还信用卡等，说白了，便利店就是一个多功能便民点。这种看似"古老"的店面，却可以很好地专注于解决消费碎片化问题，非常值得传统零售业借鉴。

（二）体验经济

体验经济的首要任务是塑造场景，利用场景形式，把顾客的需求充分展现出来。场景展示可以把顾客的潜在需求催生出来，单一的产品展示是无法做到这一点的。

在产品品类、品种、价格上，零售店都不如线上。要想打败线上，就要先发挥自己的体验特点，在体验上多下功夫，这才是与电商竞争的最大突破口。在这方面，最好的例子就是宜家。

宜家不像家具卖场，更像一个家居体验中心。走进宜家，到处都是睡在床上的和试用产品的人。

体验是宜家的招牌，顾客体验不到宜家的产品，自然不会购买。有人觉得，夏天到宜家去"蹭睡"、"蹭调"很不厚道，可宜家反而很欢迎，因为它就是要把卖场打造成"每个人的卧室和客厅"。如此体验，定然可以拉近商家与顾客的距离。

凡是去过宜家的人，都会发现，在用户体验方面，宜家确实想得比我们多。宜家的场景虽然很大，但其路径规划很有讲究：他们把产品按顾客的购买习惯依次陈列在一条单向路线上，顾客不用走回头路，就可以把要买的东西一次性买完。此外，还为顾客配备了物料清单、卷尺等，可以随用随取。

（三）顾客购买模式要更新

如今，顾客的购买模式已经悄然变化，要想应对这种变化，就要找到新思路、新方式，比如O2O。当然，并不是说O2O一定是线上整合线下，反过来其实也可以。

其实，实体零售业的优势还有很多，很多事情都是互联网做不到的，只要抓住顾客的情感和链接需求，实体经济的顾客也就不会全部被互联网抢去。

任互联网再猖狂，只要弄清楚自己的定位，也不足为惧。只要将互联网和线下实体店有机地融合到一起，定然会产生更大的竞争优势。比如，可以在线上设立一个云仓库，为顾客提供品类齐全的商品，所有商品都不断码、不断货，供顾客选择；利用完备的数据管理系统，可以对顾客需求进行全方位的分析。而在线下，则可以为顾客提供完美的顾客体验。这样，顾客通过体验就可以与商家建立牢固的情感。

在互联网时代，传统零售一定要找准自己的角色和定位，明白去哪儿竞争，怎么竞争？不能坐等被颠覆、被整合，要变被动为主动，积极发挥自我优势。不要被变化冲昏了头脑，主动出击才会有一线生机。

零售业变革先锋：国美电器打造全零售生态

2015 年，国美推出了自己的主题活动——"黑色星期五"。2016 年 3 月 11 日到 15 日，国美再次启动了"黑色星期五"活动。

这次活动以"新消费、新动力"为主题，以"恐怖低价"、"正品行货"、"专项服务"为口号，将新消费趋势下的家电商品提供给了消费者。国美在线上和线下同时启动活动，携手百余知名家电品牌精选商品，迎合了当下绿色、时尚、品质的消费趋势。

国美承诺，此次活动 100% 正品低价，并喊出了"一日三达、精准配送、送装同步"的口号。消费者购买家电累计满 1 万元，就可以享受定时定点的专车配送服务；同时，还做出了缺货赔 500 元的承诺，为消费者提供了从售前到售后的全环节极致服务。

此外，国美还在线同步推出了五大特色玩法，为消费者准备了能提升消费者生活品质的商品，并以最低的价格、最高的服务质量，满足了消费者的最新需求。而且，国美还通过微店，把互联网和实体店进行了无缝结合。

如何在新形势下完成消费升级？国美做出了明确的回答。

当前，很多互联网电商零售企业都无法创造可观的利润，国美却能连续 11 个季度实现盈利，其原因在 2016 年战略大会上就可以一窥端倪。在此次大会上，国美提出了"全渠道、新场景、强链接"的战略行动，立志打造全零售生态圈。

一、移动之战：抢占用户社交红利

目前，单一产品已经不再是互联网巨头的战略目标，建立整个生态系统才是重点思路。国美虽然是零售巨头，但面对移动互联网的大变革，同样把生态思路移植到了移动端。

国美控股集团 CEO、国美战略决策委员会主席杜鹃曾指出：智能手机作为目前公众最主要的获取信息渠道，伴随着移动互联网的崛起，也日渐成为重要的消费场景之一，这一点从快速飙升的移动端销售额即可看出。不仅如此，随着家居、家电的智能化，在未来，智能手机会成为消费者日常生活的核心触点，国美要打造生态圈，抢占手机屏幕是必须的。

如何抢占手机屏幕？怎样才能突出零售优势，利用社交红利打通移动端渠道？人与人面对面地沟通，是实体店的最大优势。比如，国美积极开展门店活动，如果顾客对店员的服务很满意，对店员产生信任，就会加深彼此的联系，如互加微信。即使顾客这次只买了一个电水壶，之后有了新的需求，也可能会找该店员。这就是社交价值，其价值含金量远大于媒体广告。

2016 年 3 月，国美把这种基于线下优势的社交价值搬到互联网上，展开了 10 万微店计划。其运作方式是，让门店员工做微店店主，选择部分国美产品在朋友圈进行售卖，更好地满足了用户的新消费习惯和新需求。

在这个过程中，国美微店一直秉承两个原则：第一，给顾客提供最有价值的商品；第二，充分尊重员工的个性化，比如，有的员工喜欢研究手机，有的员工对电视有着独特的理解……国美会根据员工的喜好为他们安排推介产品。

二、供应链之战：按用户场景需求布局品类

消费需求是多元的，即使在 PC 时代，电商的主流竞争模式依然是拼价格。可是，到了移动互联网时代，场景思维则取而代之。也就是说，消费需求随场景的变化变得更加多元化。

随着对大数据的深入应用，国美对自身用户消费数据进一步挖掘，找到了一套满足用户的方法论。比如，电视、冰箱、笔记本。在国美的纯电商平台上，前两页的商品销售额占整体的 80% 以上。也就是说，电商的产品在网上有很高的集中度。但经过对用户行为进行分析研究，他们发现，用户在门店的选择增加后，可以直观地进行比较。再加上店员的现场介绍，用户就能选择品质更好、更贵的产品，而放弃低价的产品。

与线上相反，在线下，中高端产品的退货率通常都很低。比如，购买电视机时，用户一般都会在门店仔细比较，虽然需要投入更多的时间和钱，但

回家后也会因良好的使用体验而不计较价格。如果邻居家发现该用户的产品比自己家的好，屏幕大、全自动、上网快，再加上意外的夸赞，用户就会觉得自己买的电视很值。一旦用户进入这种场景，价格就不再是主要参数了。

由于对不同渠道的用户购买场景进行了认真分析，国美在规划产品采购和线上线下分布时，目标也就更明确了。在分配和组合线上线下产品时，把中低端产品放在线上；而在线下，则先用线上的价格将用户吸引到店里，然后再让用户亲自对比……如此，既满足了用户需求，又实现了利润。

三、服务之战：统一网络和物流

不管用户来自线上还是线下，要想赢得未来的零售之战，留住用户，关键还要为顾客提供更加快速准确的配送、提供及时周到的售后服务，让用户对平台产生依赖。所以，无论是纯电商，还是由线下零售网络支撑的O2O零售体系，制胜的关键都是服务保障下的用户体验。

目前，物流的价值在线上和线下都已经被充分认可。除此之外，维修和售后安装能力对零售商来说也是很重要的。现在，大部分区域的维修和安装都要仰仗第三方。如果需要进一步下沉渠道，供应商又无力提供售后服务，零售商再缺失这个能力，很多地区是无法进行销售的。为了应对这种状况，国美在全国400多个城市设置了2000多个售后服务网点，用来解决家电安装、延保、维修、回收等售后服务问题，并承诺"24小时解决"。

可是，从售后服务需求数据来看，95%的用户需要的不是维修安装，而是产品的使用。比如，顾客打电话联系售后，说自家的电视机坏了，其实可能是因为电视太智能，用户还不习惯如何操作。基于国美线下网络搭建的售后服务体系，不但能为用户提供门店售后服务，还可以照顾到线上商品，增加用户对国美平台的认识度。

另外，售后服务不仅是成本中心，还是一个高黏性的增值平台。比如，国美推出的免费上门维修空调服务，虽然主要服务内容是免费维修，但如果发现用户的空调需要换滤网，就会建议顾客花钱换一个，这时顾客一般都会答应。再如，如果空调的使用已经超过 10 年，售后人员会建议用户购买一台新的，用户多半也会接受。

决定国美今后全渠道零售体系能走多远的关键，物流和售后是第一项！如今一线城市的竞争已经呈现白热化趋势，许多电商企业的战略目标都放到了渠道下沉上，国美在这一块显然更有优势。为了完成全国统一物流和售后布局，关键就要将非上市公司网络并入上市公司，国美深知这一点。

第二章　全零售生态之体验经济

——增加新内容，构建新场景

体验经济的关键之一：增加新内容

一、零售业的体验营销

体验营销是一种新兴的营销方式，通过观察、聆听、尝试、体验等方式，可以让目标顾客亲身体会到企业提供的产品或服务，使顾客更加了解、喜欢，进而购买。

两个卖西瓜的商贩，在一起叫卖。一个大声吆喝着："我的西瓜又大又甜，不甜不要钱！"另一个却说："快来看，又大又甜的西瓜哟，大家都来尝尝呀！"而且，一边吆喝，还一边切下一块西瓜给路过的顾客品尝。

不想买的不好意思拒绝，想买的更要尝尝味道。如果西瓜确实不错，相信大多数顾客品尝后都会买。为什么？原因不外乎这三个：第一，切开的西瓜色泽饱满、水嫩鲜亮，看起来就有食欲；第二，味道确实不错；第三，都吃了，不买有点不好意思。结果，半天下来，后者的西瓜卖了一大半，前者才卖了几个。

从简单的卖西瓜，我们就能看出区别：前者采用的是传统的销售方式，把产品摆在那里，只是告诉顾客"我的产品好，不好可以退"；而后者则是典型的体验营销，让顾客亲自体验、参与，体验好自然就会购买产品。

在买西瓜的过程中，顾客得到的体验有两种：一是感官体验，西瓜切开了，看着色泽饱满、很有食欲，满足了视觉需求；商贩吆喝着"又大又甜"，听觉上也得到了满足；接着，是味觉上的刺激，让顾客从味道到口感都得到了不错的体验。二是让顾客参与其中，积极和顾客进行互动，如果顾客品尝后向周围人说"不错不错，确实很甜……"周围的顾客接收了"西瓜好吃"的信息后，也会自觉加入购买队伍。

体验营销就是如此简单，屡试不爽！让顾客自己得出体验结果，必然比商家"空口无凭"更让人信服；由别人分享的体验结果，也会比商家直接传递出来更让人信服。

未来，体验经济将成为主旋律，生产者也将是体验的制造者，体验制造商也会成为经济的主要支柱之一。1999年，美国经济学家约瑟夫·派恩和詹姆斯·吉尔摩出版了一本叫《体验经济》的书，书中指出，人们正在向体验经济时代迈进，它终将取代服务经济。作者认为，未来消费者就是中心，服务成为舞台，商品成为道具，企业的职责就是创造值得消费者参与、回忆的活动。在消费者参与活动的过程中，如果能够留下不可复制和转让、非此莫属的美好体验，自然愿意为体验付费。

一位在迪士尼世界（Disney World）的动物王国旅馆（Animal Kingdom

Lodge）居住的旅客体验后有了这样的感受："我兴奋极了，我能感受到两只长颈鹿就站在我的窗外。我甚至愿意相信，一只真真切切的捻角羚慵懒地从我的窗前经过。后来，我还看到了一只粉背鹈鹕和斑马。"

这就是体验经济的魅力！

体验心理需要从"花钱买实物"到"花钱买感觉"的转变，是客观存在的，每个人或多或少都会有这样的需要。随着社会生活节奏的逐渐加快，人们的物质需要已经得到基本满足，富裕又忙碌的人们一般都期望获得更多、更强烈、更新奇的消费体验。从这一点出发，零售业是否可以得到启发？

二、体验经济关键之一：增加新内容

"体验营销"不能完全算作一种营销手段，准确地讲，它是一种营销理念、营销文化和营销心理。使用这种营销方式，需要认真研究、充分了解消费者的心理特征。当然，目的依然是满足顾客需求，以激发顾客情感为手段，使整个营销理念更加完善。

将咖啡当"货物"出售，一磅可卖 300 元；将它当"商品"时，一杯可以卖到 10~20 元；而把"服务"元素加进咖啡出售时，一杯至少要几十元；但如果咖啡成为一种香醇与美好的"体验"，一杯卖出上百元也是有可能的……

众所周知，到超市买包速溶咖啡只要一元左右；而坐在星巴克，随便喝杯咖啡就是几十元。为什么？因为星巴克的"咖啡"已经不仅是一种饮料，而是一种美好的"体验"。

去星巴克，任何人都不是为了解渴，而是来享受"星巴克体验"的。星巴克在环境和氛围上都独具匠心，使其成了一个社交场所，顾客既可以在这里放松自己，也可以会客洽谈。

比起品尝咖啡，人们更希望在这里放松心情。工作之余，在这里喝杯咖啡，就可以把繁忙的工作抛到脑后，获得片刻的休息或欢愉，得到精神和情感上的满足。而这一点，正体现了星巴克的价值主张："星巴克出售的不是咖啡，而是人们对咖啡的体验！"

星巴克把咖啡作为载体，通过它，把顾客享受的独特体验传递出来。

随着市场的变化，顾客的需求也越来越多样，他们已经不再关注产品的"功能价值"，反而将注意力集中在了消费的"体验感觉"上，体验营销应运而生！

顾客之所以愿意出高价购买产品，就是因为它们增加了新内容，具备更多的产品附加值。体验是人们受到外界刺激而产生的内在感受，当消费者的消费过程没有满足情感需要时，好的体验就可以增加产品的"体验"含量，带来更多的附加值，为企业带来更多的经济效益。

雪花啤酒在进行差异化定位时，为了丰富产品价值，塑造了"畅想成长"的故事，达到了体验营销的目的。

农夫果园仅凭一个经典的体验式动作——"喝前摇一摇"，就有效传达了其混合型果汁饮料的特点，使产品定位深入人心，产品迅速得到了推广。

三、体验营销，如何增加产品新内容

我们过去所理解的产品，是具有特定形状和用途的物品，是看得见、摸得着的。但如今，这种理解已经非常狭义。体验营销学认为，更广义的产品，应该是人们通过购买可以获得的、能满足消费需求和欲望的东西，它既可以是实物，也可以是虚拟体验。

因此，要增加产品新内容，进行体验营销，就应从以下五个方面努力：

（一）核心产品

核心产品直指消费者的实际利益需求，即顾客真正要买的东西。在产品的整体概念中，这部分是产品最基本、最主要的部分。

消费者之所以购买某种产品，并不是单纯地为了产品，而是想获得满足，这才是产品的灵魂。比如，买快餐是为了填饱肚子，买手机是为了实时沟通、休闲娱乐，买化妆品是为了变得更漂亮，去迪士尼乐园是为了更开心，买理疗仪器和产品是为了身体健康。

一种产品，从开发到设计再到宣传，一定要明确该产品能满足消费者的哪些利益诉求。让消费者知道你的产品可以用来做什么，才能独具吸引力。

（二）形式产品

核心产品的功能需要借助一定的形式来实现，这就是形式产品，即向消费者提供的实体产品和服务的外在形象。拿实体产品来说，形式产品就是它的质量等级、外观特色、基本式样、产品名称和产品包装等，而产品的基本功能也必须通过某些具体形式来实现。

要做体验营销，就要先搞清楚顾客在购买产品时最强烈的利益需求是什么；之后，完美地满足顾客这一需求；然后，再从这一点出发，找到实现利益需求的形式来设计产品。

消费者能通过感官感受的实体产品就是形式产品，包括产品的形状、样式、品质、商标、包装、设计风格、色调等。其中，最具感官吸引力的五大特征是质量、款式、特色、品牌和包装，这些都是展示产品核心内容、功能、效用的最重要因素。从这些方面，消费者可以直观地获得触觉、嗅觉、视觉等体验。

（三）期望产品

期望产品，包含着消费者在体验或购买产品时希望得到的一系列与产品有关的配套属性，比如，品牌影响力、企业文化等。再如，乘坐飞机时，都希望得到安全、准时的体验；购买电子产品时，则希望得到秒掉别人一条街的体验；给老人买礼物则希望得到孝心、感恩的体验。

（四）延伸产品

延伸产品，即消费者在购买产品时，获得的全部附加服务和利益，主要包括分期付款、送货上门、免费安装和维修、技术指导、售后服务等。深刻认识市场需要，才能准确地了解消费者究竟想得到什么服务。

比如，有家公司为顾客提供老伴温热理疗床。顾客购买后，可以得到免费上门安装和终身维修的服务；并且实行全国联保，消费者购买公司的任意一款产品，拿着保修卡就可以到指定服务网点和代理店进行维修。

消费是一个连续过程，不但要做好售前宣传，还要在售后提供持久、稳定的服务，因此，售前、售中和售后服务一个都不能少。可以预见，随着消费者要求的不断提高以及市场竞争的进一步激烈，越来越多的企业都会利用延伸产品来获得胜利。

（五）潜在产品

潜在产品，是可以进一步改进和变化的产品，即最终得以实现的新转换部分和全部附加部分。比如，自行车安装简易动力装置后可以当电动车用；改造过的理疗床床体尾部，可以进行足底按摩。潜在产品，就是产品改进和发展的趋势。

体验经济的关键之二：构建新场景

一、成功情景体验经济案例

随着人们进入新经济时代，消费不再局限于满足刚需，还要满足有质感、个性化的体验。在信息时代，要想俘获顾客的心，得到他们的支持和肯定，必须刺激顾客的心灵、感觉和大脑，并进一步为其提供新鲜的体验，让顾客内心感受到强烈的震撼。

过去，只要谈起酒店品牌，比拼的都是硬件设施、服务条件，这些都是功能性的比较。IU 酒店则把发展重点放在了情感沟通上，致力于为顾客打造全方位的服务场景。

为了满足闺蜜、家庭顾客群体的需求，IU 酒店推出了"浪漫定制房"等服务，闺蜜们可以在"闺蜜定制房"里开趴，有熊孩子的家庭可以选择"亲子定制房"……这些看似单一的场景化服务，把三个关键时期的目标顾客都涵盖在内。

入住时，顾客可以跟酒店客房场景建立起不错的联系。这时候，顾客面对的不再是冷冰冰的房间，顾客忠诚度悄然而生。

IU 利用自有的四大互联网基因，为消费者提供了高标准的产品体验；同时，通过场景定制手法打造的产品，成功地为人与酒店、人与人建立了链接。这就告诉我们，在媒体逐渐向移动化、社交化发展的今天，不仅要重视技术与设备的不断更新和发展，更应关注人与人之间的连接。只有在特定场景下，人的某些需求才会被激发，这些场景就是机会！

人们一般都讨厌季风，如果去中国香港地区旅游或出差，少见晴天，多见阴雨，多半都会感到心情低落。宿务航空抓住了"下雨"这个场景，用"阳光旅游"吸引了消费者。

他们用防水喷漆把广告二维码喷在大街上，平时隐形，只有下雨时才会冒出来——下雨太烦人？用户只要扫一扫二维码，就可以和朋友一起来个阳光约会。

城市人的生活多数是两点一线，出门挤公交，进门挤格子。把一些跨界元素添加在这些日常的场景中，创造出新场景，一定可以让人们的肾上腺素瞬间飙升。

为了呼吁人们关注全球变暖，WWF在巴拉圭首都的街头建起了一间建议餐厅。在这里，大地就是灶台，"地面温度"就是"煎锅温度"。很多路人都来围观试吃，有些人甚至还亲自上阵烹饪佳肴，更加直观地感受到了全球变暖问题。

这种贯穿于购物前、中、后的体验，定然可以成为提升顾客满意度和品牌忠诚度的决定因素。在新经济时代，营销人员不能单独考虑产品的功能、质量和包装，还要通过各种手段和途径，如人员、店面、互动等为消费者创造一种综合性的消费体验；同时，还要通过多种手段将产品内在的价值观念、消费文化和生活意义传递出来，综合考虑多个方面，设计出必要的消费情景，扩展必要的外延产品，使其内涵在广泛的社会文化背景中得到提升。

二、体验情境创设

情境效应理论认为，顾客购物时，一般无法选中个人效用最大化的产品，他们会受到之前的时间、状态、任务、语言、信息提示、社会背景等周边信息的干扰，几乎都是在特定情境中选择产品的。因此，要想提高营销效果，就要认真研究一下影响顾客购买的情境因子，综合考虑产品视觉形象、适宜场所、关联事物、对应气氛、预期情绪等，找到最适合切入和着力的地方来开展情境体验，设计出令顾客产生美好体验的情境。

（一）主题要具有诱惑力

不妨想一下，如果有人跟你说："我们专门针对广告公司开设了一门英语培训课，我们的培训不仅非常专业，而且非常实用，我们的培训过程也非常有趣……"你会参加吗？只有极具诱惑力，才能成功地吸引顾客主动参与！

Sam是个普通小伙子，在广州的一家广告公司做策划。为了在向顾客经理做提案时说一口流利的英语，他找遍了广州的英语培训机构，最终被一份"广告行业英语培训专题研讨会"的邀请函吸引。

Sam按照邀请函上约定的时间、地点，准时参加研讨会。进入教室后，他听取了简单的介绍，然后就和其他人一起进入了组织者设定的示范课环节。

这时，参加这个英语研讨会的人都发现，他们就是这堂示范课的主角。按照设计者的提示，他们每五人一组，分成几个小组，各小组进行比赛。比赛有三个环节，最后按三个环节的总成绩判定哪个小组获胜。

第一环节，每个小组都收到了20个广告公司经常使用的词条，分为中文单词和英文单词，每个小组都需要在最短的时间里找到对应词条。一声令下，大家兴致勃勃地投入竞赛。原本非常陌生的团队成员，立刻进入了角色，配合得都很不错。

第二环节，对每个小组指定一个品牌，需要用英文对目标消费群进行分析。

第三环节，每个小组都要为自己被指定的品牌做媒体投放计划。

所有的小组成员都十分亢奋，老师也参与了与成员的互动，善意地提供帮助。这样，通过与众不同的示范课，很多过去不敢讲英语的人，都能大胆地表达自己的观点了。

对于上面的培训课，我们可以总结如下：

（1）整个设计都是围绕广告人日常经常接触的场景进行的。比如，日常工作中常用的词汇、目标顾客分析、媒体广告投放，都是大家熟悉的，英语理解起来也非常容易。这样，即使是英语水平一般的人也会变得自信起来，正好体现了培训机构的专业性和实用性特点。

（2）为学员设计比赛的环节，让参与者很好地放松自己。如果顾客不能敞开心扉，再好的理念，他也不会接受。这样的设计，让学员充分体验到了培训机构的趣味性。

通过对整个流程的体验，所有参与人员都亲身体会到了机构的“专业性”、“实用性”和“趣味性”。这样做，远比用嘴说“我们的培训很有专业性、实用性、趣味性”的效果好很多。由此可见，只有设计一个富有诱惑力的主题，并让所有成员都积极参与其中，才能让大家真正体会到你的产品和服务所带来的不同特点。

（二）提供带有特定价值的情景给顾客

我们都知道，推销汽车的时候，通常都要设定一个车场。顾客来到车场后，销售人员会给他们介绍车辆的性能、特点、价格等。如果顾客有兴趣，可以试车。一般都是在城市道路上试车，假如顾客满意，订单就达成了。这里有个关于路虎汽车进入中国台湾地区市场时发生的真实故事：

路虎汽车主营越野汽车，其顾客群和普通家用轿车顾客群截然不同。路虎汽车初次进入中国台湾地区的时候，也把试驾体验搬了出来。可是，将路虎汽车开上城市公路，顾客却丝毫感觉不到车到底好在哪里，所以成交率很低，销售很差。

不久，新总裁上任。其采用一种全新方式，设了一个名为"越野体验学院"的主题。由专业教练为学员做指导，并制定整套课程。今天顾客在山路上驾车，明天就可以飞驰在浅海沙滩上，后天还可以沿着崎岖的河道逆流而上……当一款性能卓越的越野车奔驰在越野环境中，顾客自然就会感受到路虎汽车的魅力，销量果然大幅度上升。

"越野体验学院"不仅给潜在顾客提供了体验，也为顾客提供了交流场所。通过这种设定，顾客不仅体验到了探险的魄力和精神，对路虎汽车的品牌精神的认知也更深刻。产品特性被真正反映出来，顾客能很快地找到自己想要的特色车型，对推荐的车辆也会有兴趣。

（三）以特定事件突出产品特性

2000年一家涂料生产公司为产品设计了一个活动——让小猫小狗喝涂料。通过这个营销设计，突出了产品的安全特性。后来，动物组织对此举动表示反对，结果涂料公司的老板竟然亲自喝。事情发生后，新华社、《北京晚报》等各大主流媒体竞相报道，瞬间就将这个品牌推到了镁光灯前，一夜之间声名大噪，几乎所有人都知道了——该产品的安全性非常好！

通过这样的设计，顾客很快就可以了解产品特性，并产生购买兴趣。

三、情境体验管控

为了让情境体验的营销活动很好地与顾客需求特征及需求变化相适应，实施情境体验营销时，就要随时关注可能发生的风险，采取有效管控。对此，企业应加强以下管控：

（一）适应顾客需求的多样化和个性化

企业要对内部目标顾客进行差异化区分，给每位顾客提供相同的情境体验。因此，为了满足顾客的需求，就要针对目标顾客，提供柔性的市场供给，在解决顾客"基本需求"的基础上，给顾客提供"自由选择"的机会。

（二）适应顾客所要求的性价比

还应考虑哪种质量水平的产品可以构成情境？一旦单个产品质量达不到情境要求，顾客就会产生抱怨和不满。因此，必须让顾客从情境中的每个"元素"中获得其想要的性价比，使单个产品整合得出的情境达到顾客最想要的质量水平。

（三）准备充足的替代品

一般来说，顾客不会把营销者创设的生活情境里的产品都买下来，只会从中选择几件；不符合顾客需求的产品，自然会被其他替代品替代。因此，准备足够的替代品，也是设计情境体验营销时需要兼顾的问题。

（四）注意产品的流行性对顾客的影响

通常，产品会根据流行性加速更新换代，这样顾客的负担就更大了。因此，在情境设计时，一定要选好流行性。

（五）规避产品组合的市场风险

创造性是情境体验营销最突出的特点，一旦创设的生活情境不符合顾客的需求，企业所面临的风险就远大于单个产品的运营失败。后者只会让你损失一个产品，而前者则会让你损失一个"产品群"。

应用场景定位：零售业的科技应用与商业创新

一、构建体验式营销的最佳场景

进入体验式消费时代，商家与消费者的关系也悄然发生了改变。尤其在大型场所，当顾客需要的服务项目增多时，顾客参与、消费、享受服务时，就会更加依赖移动体验。

对于零售商而言，最重要的是顾客的信任和忠诚。延长顾客停留的时间，甚至永远留住顾客，就可以左右他们的购买决策。要实现这一点，就要改善移动应用体验，为顾客提供基于位置的个性化推荐；同时，还要为顾客提供一流的一站式移动体验。

当然，要想将设备、场景、内容和服务进行移动化连接，关键还是人。因此，在为顾客提供更好的零售场所移动体验时，还要提供定制化的顾客体验，在确定身份和位置信息后，从选择性加入的顾客身上获取一些情境化数据，比如顾客身份、连接到会场所用的设备和应用、位置、日期等。在分析个人偏好的基础上，利用这些数据，为顾客提供最精准的服务。

闭环式的移动体验方案，不仅可以多方收集顾客身份、位置、设备和其他情境数据，还能用更具意义的方式激励顾客。如此一来，零售商就可以一边保护顾客隐私，一边把令人信服的、个性化的信息展现在顾客的移动设备上。

二、常见的情景性场所制造

在体验式消费文化下，日常生活的记忆已经成为商业空间环境布局的依据，制定一个特定主题，将各功能空间串联起来，并配上情景化的剧情演绎，然后通过各种场景把产品理念传达给消费者，就可以让空间充分展现出活力和特色。

情景化的场所会让消费者产生心灵上的震撼和共鸣，深刻体会到商业空间的艺术感染力。那么，如何才能制造出常见的情境性场所呢?

（一）重现历史情景

历史是一种大众的集体记忆，最能激发消费者的情感认同。把历史文化设为情感主线，并在购物中心以情景化的方式重现，就可以唤起消费者内心深处的记忆和情感，激发出消费者最真实的情感体验。

为了满足消费者的审美体验，迪拜的伊本购物中心不仅重塑了伊本·白图泰游历过六个文明古国的历史，还根据六个国家各具特色的宫殿建筑，打造了风格各异的六个连续空间，串联成一个空间序列。同时，还将古代的重要发明以及文化交融所产生的历史文物，摆放到伊本购物中心，当作布景装饰，完美地将不同国家古集市的热闹场景营造了出来，吸引无数参观、体验的消费者。

（二）烘托节日场景

如今，现代购物中心已经成为城市的重要部分，节日氛围是点燃情感共鸣的最佳方式。通过布置节日场景，可以营造一种欢乐气氛，让消费者在愉快的氛围中完成购物，就好像参加一个节日 Party，消费也就变成了一种享受。

为了给场景中的每个元素都传递出一种欢乐、喜庆的圣诞节气息，广州正佳广场针对东西方各节日布置了不同的主题场景，特别是圣诞节的场景布置十分精美。

他们将一棵巨大的圣诞树放置在中庭，不仅树上挂着许多装饰品，还在圣诞树旁搭建了一所被白雪覆盖的房子，里面不断闪现温暖的灯光，流淌出欢快的圣诞歌曲，房子外是一片洁白的雪地，上面站着许多童话人物，引得很多人都来这里拍照留念。

（三）展示异地风情

为了给消费者带来不一样的消费体验，有些地产商会在购物中心营造异地风情的情境，通过建筑、室内、景观等的设计手法，给公共空间打造出别具一格的异域风情。如此一来，消费者的购物过程也就变成了世界著名景点。

为了让人们感受到别样的视觉体验，美国拉斯维加斯的凯撒宫购物中心，曾以"古罗马文化"作为主题，把古罗马时期的地中海风格建筑搬进了购物中心。粗糙的地面，印花的混凝土，地中海风格的装饰、阳台、屋瓦、百叶窗……消费者身在其中，如同置身于古罗马集市。

不仅如此，购物中心的拱形屋顶，还被装饰成了云朵飘飘的天空，随着时间的变化，天空就会从清晨到黄昏不断转换，消费者也会体会到突破时空界限的体验。当然，为了强化古罗马主题，这里还举办了古罗马士兵游行、阅兵等活动，给人们带来了丰富的感官体验。

三、如何重新定位体验式消费场景

如果想重新定位体验式的消费场景，可以从下面五点做起：

（一）实体店变身体验馆

在电子商务日渐受宠的时代，体验功能对实体商店越发重要。未来，更多的实体店将成为体验店，甚至可以当作供人们观赏和学习的博物馆。

当网络购物成为消费主流，还有扶持实体店的必要吗？如果有，我们又如何寻找它独特的优势？答案就是体验。加拿大卡尔加里大学教授汤玛士·基南指出，当商店更像博物馆后，消费者会到里面观赏、学习、娱乐。

2016年3月，全美拥有约700家分店的美国居家用品商劳氏公司与微软展开商务合作，运用微软提供的HoloLens增强现实装置，在卖场的厨房展间里向消费者实时演示设计方案。这样，消费者就能清楚地看到商品，从而购买最适合自己的商品了。

（二）大数据帮你更懂消费者

当前，国内外大型零售企业都导入了大数据。用大数据分析消费者的购买行为，就可以实现精准营销。自从苹果发布无线通信传输方案——iBeacon以来，沃尔玛、梅西百货、麦当劳、Parco百货等零售巨头纷纷装备蓝牙设备。通过蓝牙收集用户数据，不仅可以对人流进行有效的分析，还可以对用户开展精准营销。

由此可见，如果想实时并深入了解消费者的购物经过，只要通过物联网搜集到大数据资料，据此对店内购买行为进行分析，就可以掌握数字化的购物行为。

（三）提供多元支付方式

如今，除了微信、苹果、支付宝，各大零售企业都致力于打造自己的支付生态圈。比如，沃尔玛就开发了自有的二维码支付系统。行动支付技术不但改变了金融业，也颠覆了我们的消费方式。对零售业者来说，除了依靠第三方支付平台，也可以自建支付生态圈。

2015 年底沃尔玛百货推出了自家的支付系统——沃尔玛支付，只要用 App 扫描二维码，用户就可以便捷地完成支付。

（四）送货用无人机、机器人

目前，无人机送货已经成为更省时、更省力的物流新方案，无论是巨擘，还是新创，都在一致拥护这一未来发展新趋势。

当亚马逊 CEO 贝佐斯提出要用无人机送货时，很多人以为他在开玩笑。但现在人们都在抢着开发无人机送货项目。

2016 年 3 月，一家名为"Flirtey"的无人机新创公司宣布，他们已经成功通过 GPS 规划路线把包裹送达目的地，完成了美国都市第一起全自主飞行。

（五）除了买东西，还要有社区互动

如今，零售业者都明白了打造线上线下互动的重要性，都加强了与消费者的联结。我们有理由相信，家居 O2O，线上线下齐互动将是新时代发展的潮流！

人是群居性动物，而向群体展现认同的有效方式就是消费。只有在线上

和线下建立社群，才能抓准消费者的心理。为了增强用户的忠诚度，除了会员制和增值服务，有些零售业者还积极打造了消费者虚拟社群。比如，瑞典家饰零售商 Ikea，建立了部落格和 Facebook 等社群，与忠实消费者保持着不间断互动。英国高档超市 Waitrose，邀请消费者将自家食谱上传到官方网站 Waitrose Kitchen 上，消费者可以一边购物一边与品牌建立更深的联结。

场景式营销：如何利用场景触发消费者购物欲

一、新旧两种不同的购买方式

下面，我们就对新旧两种不同的购买方式做一下比较：

（一）传统购买方式

我们把时间调回 20 世纪八九十年代，或者 21 世纪初，在电脑还未普及的时代，人们在购物方面可谓笨拙而吃力。那时，想要了解一款名牌产品，只能通过电视广告、新闻报刊。即使是在市中心百货中心相中了一款心仪已久的产品，也要纠结一个多星期，不是时间不允许，就是交通不给力。而作为商家，除了用铺天盖地的广告来提升产品知名度外，好像没有更好的办法来唤起人们的购买欲。

后来，电脑进入了千家万户，互联网部分代替了交通工具，把人们和更广阔的世界联系了起来，此时，人们要知道名牌信息，只要上网一搜即可。于是，商家们又把广告从电视、报纸转移到了 PC 端互联网上。只不过，商品都要经过长途跋涉才能到达消费者手中的问题还是没有解决。

直到淘宝诞生，人类购物史才被彻底改写！商家们一股脑地把广告摆到了淘宝上，甚至直接把商铺开到了淘宝上，产品信息一览无余，任君挑选。人们终于实现了足不出户购买的愿望，想买什么就买什么，轻点鼠标，一键搞定。但这时，人们的购买行为仍然具有目的性，需要经过一定流程：目的—搜索—选择—购买。

（二）碎片化购买方式

科技改变的不只是生活，还有人们的购买方式。移动互联网经济的崛起，人们的购买方式渐渐碎片化，支付方式也转移到了移动端，随时随地购物。

任何时候，只要想了解任何产品信息，都可以直接拿出手机搜索；如果想购买什么，也可以直接到淘宝、天猫、京东、聚美优品等下单，从下单到付款只要几秒；至于送货，快递会全程包揽。再也不会因为抽不出时间而错过自己心仪的商品了；再也不会因为商品在千里之外的另一个城市而放弃购买了。

如今，消费环节已渐渐更具连贯性。连贯的消费环节使得场景式购物成为主角，消费者对体验方式也更加挑剔，各大商家也加快了场景式营销的布局。

二、场景式营销及其特点

所谓场景销售，就是在销售过程中，把情景作背景，把服务作舞台，把商品作道具，通过营造环境、氛围，让消费者在购物过程中从眼、耳、鼻、口到心都感受到"情感共振"，通过特设情景引起消费者的共鸣，激发消费者的购买欲，进而推动产品销售。简言之，就是通过场景来触发消费者的购物欲。

场景式营销是体验营销的细化方式，有时仅有产品体验，消费者是不会消费的，必须给他提供合适的场景，把氛围烘托出来，打动他，他才会顺理成章地买下产品。比如，你去宜家买东西，看到成堆的家具放在一边，肯定连看的欲望都没有；但如果把沙发、靠枕、茶几、杯盏等摆放成一间客厅，让你身临其境，就会觉得这个场景美呆了，甚至想要整套搬回去。这就是通过给消费者搭建场景来触发消费者购买欲的好例子。

一般说来，场景式营销的特点主要有以下三个：

（一）随时性

很多网友深陷微信、微博，若不经意间刷朋友圈，看到好友晒照片，便开始研究她身上的衣服、手表是哪个牌子的、从哪里买的，就想买一个；之后，问问好友是在哪买的，对方就会把链接发给你；最后，你自然会下单付款。

为了刺激消费者购买，有些商家会转发买家秀。消费者通常都没有很强的目的性，很多都是因为被某个场景触发，一时兴起就买了，这就是场景式营销的随时性，完全意想不到，随时随地都会发生。

（二）不相关性

举个简单的例子，你和朋友闲聊，内容是近几天的雾霾状况，聊着聊着，就聊到了朋友最近在做的产品。在好奇心的驱使下，你会进一步了解他的产品，最后自然产生了购买的想法。从天气到产品，两者之间完全没有联系，可由于朋友这个"人"的作用，就产生了一种场景式购买。这就是场景式营销的不相关性。

（三）多样性

随着群岛时代的来临，人群被越来越细化的"种群"分开，针对某一特定群体，也需要进行不同的场景设计，如此才可以使场景式营销更多样化和立体化。

D1 优尚网推出了一种新的体验场景，用户可以根据不同的环境需要，选择适合的服装搭配，并可以对不同品牌进行整合。目前，已有"上班族"、"浪漫约会"、"户外生活"和"郊外度假"等场景，每种风格还有细分场景。用户可以通过模特身着与场景相匹配的服饰，让用户挑选起来一目了然。

随着科技的进步、产品的迭代，体验也必须与时俱进、日新月异。场景式营销正在影响移动互联网大局，为了满足消费者多元化的需求，很多商家都搭建了场景营销。

三、利用场景激起消费者的购物欲

通常，销售零售产品是很难准确地预测顾客的购买结果的。因为这里面有太多的不确定因素。优秀的零售企业都会用积极的心态面对，他们会不失时机地激发消费者的购买欲，努力把潜在成交变为现实成交。

研究表明，顾客的购买习惯也要遵循"二八公式"，即在消费者意识里，感情占80%，理智占20%。很多顾客都会由于一时的感情冲动而购买某一商品，即使这件商品根本就不在购买计划内。因此，销售人员要打动的是顾客的心而非脑袋，因为顾客的心比脑袋离口袋更近。

大连大米科技几乎把场景式营销发挥到了极致，下面就让我们一起来看看该公司的体验店：

（一）未见其店，先闻其声，用声音吸引潜在顾客

每家店面都有广播，在 30 米外就可以听到男性浑厚的声音，介绍大米的产地、生产过程等。事实证明，约有 29% 的顾客是由于被声音吸引而进店的。

（二）场景布置引发联想，唤醒记忆

中国现有城市居民绝大多数来自农村，如果父辈不是来自农村，爷爷辈一定来自农村。那些关于乡村的美好记忆一直深埋在很多人心底。于是，石磨、簸箕等加工大米的最原始的朴实工具自然就容易引起联想，唤醒沉睡的记忆。

店里的装饰采用粗犷的工业风格，粗实的椅子、厚重的桌子、原色的桌面、粗瓷的大碗……这些东西就像小时候用的，自然容易激发消费的欲望。

（三）随时购买

顾客在店里用餐，吃着香喷喷的大米饭，很容易产生疑问：这么好吃的大米从哪可以买到？在大米科技的店面，各色各样的产品被整齐地陈列在货架上：五常稻花香、营养粥米、臻品糯米；同时，还被细分为自立袋、编织袋、铝箔真空包装、精品礼盒等不同包装形式，袋装有 1 公斤、5 公斤等；价格也从几元到几十元、几百元，甚至几千元。如果想吃杂粮饭，还可以买小米、红豆、高粱等。如果想买，随时随地就可以购买。

（四）关联销售

在一袋袋陈列整齐的产品旁，还有智能化电饭煲、智能杂粮桶及智能米桶。这些产品都是高度智能化的物联网产品，都可以进行远程控制，让人们的生活更便捷，体会到现代科技给人们带来的美好生活。

所谓场景营销，就是要你忘掉生意、忘掉商业，把激发顾客的情感共鸣作为重点。

心就是感情，脑袋就是理智！想激发顾客的购买欲，方法数不胜数，最常见的是：营造热销氛围，利用现场灯光、POP、视频演绎、道具展示等，把热烈的销售气氛渲染出来，引起顾客的好奇心。他们一旦被现场氛围感染，就容易产生购买冲动。

那么，如何使用这种手法呢？

（1）产品场景设计要激发顾客情感共鸣。薛蟠烤串把"吃"这一体验诠释得淋漓尽致。

1）找到适合的载体释放顾客情感。在顾客心中，烤串的最大价值不在其本身，而是在酒足串饱后，能顺利打开话匣子，和亲朋好友畅所欲言。烤串，实际上是茶余饭后闲聊话题的载体。

2）详细介绍每个烤串素材。薛蟠烤串经过一系列场景设计，把整个烤串过程完完全全、真真切切地呈现给顾客。顾客看起来是在吃烤串，实际上也是在和兄弟、哥们谈古论今。

（2）创新场景突破僵局。酒龙仓是一家新兴的互联网酒类企业，同时拥有线下和线上店铺，但它并没有与传统线下连锁门店叫板，也没有与互联网的新兴酒商酒仙网叫板，而是专注于自己的酒类定制，为顾客打造出了独特的、唯一的消费场景。

在这里，消费者不但可以选择自己喜欢的酒，还可以把自己的名字、想写的字、有意义的照片印在酒瓶上，赋予酒更多意义和文化。

体验式购物中心设计：平面、立面、
环境、灯光、互动媒体

一、体验式的购物中心设计

主题新颖，不但能牢牢抓住消费者的心，还能满足他们的精神需求。在设计体验场景之初，优秀的购物中心都会以主题为出发点，根据不同的地域、文化和消费人群来确定主题。迪拜购物中心是典型范例之一。

迪拜购物中心号称"世界上最大的零售商场"，由 10~15 个 Mall 中 Mall 组合而成，共有约 1200 个商店和 15000 个停车位。

其实，让这座购物中心举世闻名的，不仅因为其庞大的规模和体量，更重要的原因是其众多主题鲜明的特色空间环境。为了吸引更多游客，购物中心采用文化营销的策略，把顾客的消费心理差异表现在了规划创意中，通过对建筑风格、环境景观的规划、设计和装饰，集中体现了其文化品质。

迪拜购物中心平面形如 1/4 个圆形，各个 Mall 被平面中的环形步行街联结起来，在每个 Mall 的中庭，根据所经营的业态设计了独具特色的主题空间。比如，黄金卖场的中庭，是阿拉伯风格的集市；"时尚大道"的中庭则林立着各大时尚奢侈品牌；众多休闲品牌则被安排在海底世界水族馆边；休闲餐饮设施则分布在壮观的人造瀑布周边。

正是由于这些独具一格的创意主题，加之展现出的深厚文化底蕴，迪拜购物中心成为世界首屈一指的购物中心。它在为顾客创造前所未有的商业消费体验的同时，也是世界游客向往的热门旅游地和本地居民文化、休闲、娱乐生活的重要组成部分。

然而，在商业空间设计上，目前很多购物中心采用的是中庭和步行街形式，只在其周边设置一些精品店。中庭或步行街内也采用统一的石材、玻璃、铝板等高档现代材料。同城市中的其他建筑一样，千城一面、千店一面，空间缺乏个性和地域特色。确定了购物中心的主题后，就要将设计的关键点落在主题上。

空间环境主题鲜明更会使消费者产生强烈的现场感、归属感、认同感。

Village 的设计概念，源自北京传统的胡同和四合院，它把传统的城市文脉和肌理进行重构，创造了一个充满活力的城市空间。在项目初期，建筑师隈研吾就定下了基调——"让经典脱胎，重生于当代"。他大胆地将几何造型和色彩材料运用到建筑上，并赋予它们独特的外观和个性，把国际化元素注入了北京街区。

二、体验式购物中心重要组成元素

概括起来，体验式购物中心的组成元素主要有以下五个：

（一）平面——地面铺陈要能丰富体验式购物的空间层次

地面铺装设计可以增强人们的视觉效果，达到引导视线和人流动线的目的，使体验的连续性更强。地面经过特殊铺装后，还能引发人们的特别关注，给空间增添趣味性。此外，改变地面高差，打造下沉式、地台式的立体空间，既可以清晰地限定空间，又能形成丰富的空间层次，聚集更多人气，使空间体验更丰富。

（二）立面——垂直界面最有利于营造主题效果

垂直界面对表现主题、安排空间序列、营造体验氛围都有重要影响。消费者在购物时，垂直界面最容易出现在视线范围内，比如，墙面、玻璃隔断、柱廊等都属于垂直界面。因此，为了更好地营造主题，可以很好地设计垂直界面的风格、色彩。还可以将品牌展示放到垂直界面上。多数购物中心的商铺都会采用玻璃隔断来展示商品。

（三）环境——购物氛围有情趣和美感

环境要素包括绿化、水体、小品和特色陈设等。

（1）有绿化景观，购物氛围才更轻松。室内绿化可起到美化空间环境、调节步行空间尺度的作用，因此经常被用在打造体验式购物空间环境上！精心设计绿化景观，不但能起到划分空间的作用，还可以净化空气、调节气候。而且，消费者在购物的同时还能与大自然亲切接触，获得轻松愉悦的购物体验。

（2）有水体景观，商业空间更活跃。水体景观有自然水体和人工水体之分，其中，自然水体的引入，要根据具体的空间环境而定；而人工水体则是购物中心经常应用的景观元素。

水体景观还分为静态、动态两种，设计者可以根据购物中心的主题和环境，把大小、形态不一的人工水体灵活地布置在空间里，还可以结合雕塑、小品、绿化、茶座等陈设，一起活跃商业环境。

（3）有景观小品，才有画龙点睛的效果。整个空间环境的布置，都以景观小品为视觉焦点，起到画龙点睛的作用。在设计景观小品时，不但要充分表现主题，还要提高自身的艺术性。如此，不仅可以给人们带来视觉冲击，还能激发人们的想象力，引导人们获得审美体验和情感体验。

（4）增加陈设的特色，才好呼应主题。在空间环境中，陈设是一种点缀元素。经过特色化设计的陈设，可以更好地呼应购物中心主题，突出商品个性，刺激消费者的购物欲望。

（四）灯光——色彩是"最经济的奢侈品"

色彩被设计师们称为"最经济的奢侈品"，合理运用色彩可以为购物中心增加20%的整体效果。灯光要素（如灯饰、灯光和环境配色）不仅可以从视觉感官上给予消费者刺激，还能有效地烘托商业气氛、丰富空间层次、提高环境品质。设计光环境时，不仅要考虑自然采光，更要考虑人工采光。

（五）互动媒体——电子化商城，让顾客更好地与商业互动

传媒要素是购物中心空间环境中最不可或缺的要素，主要指电子屏幕、电子标识、平面广告等。它们通常是通过电子设备来传递信息的，精心设计商业标识系统，就可以通过文字、图形达到传递信息、指示方向、引导消费人流的目的。

特色化设计的商业标识系统，可以对体现主题产生积极作用，可以给消费者带来很好的审美体验。而使用电子媒体，可以让信息更加直观、清晰、富有感染力地传达给消费者。这对营造特色体验也有着至关重要的作用。

三、如何设计一个体验式购物中心

要想设计一个体验式的购物中心，可以从以下三方面做起：

（一）界面多元化

要想实现界面的多元化，可以从下面两点努力：

（1）用多元化的外表满足人们的个性审美体验。在设计购物中心的体验场景时，外表设计不能局限于结构、比例、材料、色彩等方面，应以人们的个性化审美为出发点，打造多元化的外表，给人们带来新奇的视觉体验。

（2）丰富室内界面，达到丰富空间的效果。珠海三樱日用品体验店的设计就很有特点：体验观众的橱窗设计多样化；陈列台也是形状各异；还故意在大厅设计一个圆柱，避免视觉的单一效果，使视觉多元化。这样的布置和陈列，可以增加消费者的购物乐趣，不会觉得单调乏味。

（二）节点特色化

在整个购物中心，节点空间是最活跃的因子，是进行展销、观演、聚会、休息、交往的常用场所，可以有效吸引人流、活跃商业气氛，购物中心所有公共空间序列的高潮就在于此。节点空间包括入口空间和中庭空间，其设计要配合相应的功能、形态、景观等要素。要想打造节点特色，就要从下面两点努力：

（1）将购物中心形象体现在标志性入口上。购物中心的入口是室内外的过渡和缓冲空间，不仅连接着商场和街区，更展现着购物中心形象，承担着吸引消费者的功能。因此，入口空间的设计必须体现独特性、标志性和可识别性。

入口空间的设计涉及空间尺度、人流集散、交通通达性等诸多因素，对于体验性设计而言，应重点将其特色形象和特色空间展现出来。一旦入口空间成为人们的视觉焦点，就能充分满足人们的个性审美，传达出特色的地域文化！

美国 Fashion Show 购物中心位于拉斯维加斯大道，其入口处设计了一个"云状"顶棚，高50米，长15米，是当地的一道独特风景。建筑师利用媒体技术，把各种广告和图像投射至顶棚天花板，显得独特而时尚，顶棚白天可以遮阳，晚上还有星空闪烁的效果。

上海国金中心，在陆家嘴打造了一个下沉式广场入口，外接步行天桥。这个下沉式的入口设计，有效地为引导和集散人流提供了缓冲空间，同时还为人们提供了休息场所。

（2）让消费者在中庭空间获得美好的感官体验。中庭空间别具一格，会给消费者带来美好的感官体验。这种独特的场所体验可以给人们带来愉悦和满足感。中庭空间的特色化设计，可以从主题、形态、景观三方面来展开。

1）主题设计。要想打造特色化中庭，先要符合购物中心的主题。整个购物中心的关键就在中庭，这里是体现中心主题的好地方。因此，为了突出表现别具特色的主题，增强空间环境对消费者心理的影响，中庭空间的设计可以从空间形式、尺度、装饰风格等方面入手；另外，还要采用统一的布景、材质、灯光、广告标识等来为特定的主题服务。

2）形态设计。中庭空间是统率全局的核心空间，打造各具特色的空间形态，会给人带来完全不同的空间体验。如果购物中心中存在多个中庭，可以重点打造中庭间的穿插和渗透，使之形成层次丰富的空间形态。

特色化的中庭空间中，各层平面定然不是整齐划一的，一般都会根据所需空间形态进行灵活多变的平面设计，利用出挑的楼板、微变的平面、穿插的连廊、错位的自动扶梯等，形成灵动的空间，给人们带来个性化的审美体验。比如，深圳的 KK Mall，在中庭设计上就利用了丰富的设计手法，打造出了一个个形态生动而新奇的中庭空间。

3）景观设计。中庭空间人流量最大，是主题营造的最佳场所，消费者在这一空间的行为模式最丰富，因此其景观设计也应符合主题特色。比如，以生态为主题的购物中心，其中庭就应引入水体、植物、自然光等元素，营造出一种亲近自然的氛围。

朗豪坊购物中心以"岩石峡谷"为主题，为了更好地展现主题，设计师在中庭空间上采用了欲扬先抑的手法。在超高的岩石正中开了一个玻璃入口，顾客要想进入，就必须通过这条裂缝。体验过略微的压抑后，一个近60米的空中大堂就赫然出现在眼前，给人豁然开朗的感觉。

（三）情景主题化

体验式商业的显著特征，就是设置主题化情景。通过一系列建筑设计手法，把购物中心当作一个大舞台；同时，通过设置各种道具，打造历史文化场景或地域风情场景，让消费者融入其主题情景，在这一舞台上勾起消费者珍贵的回忆，享受独特的氛围。

在进行体验性设计时，明确的中心主题会让大众更容易理解和接受。一旦购物中心具有了特定的主题，且其形式和内容能反映主题的意义和内涵，人们就会充分调动感官、智慧和想象力，在体验过程中激发愉悦感，从而产生购买欲。

激发这种"愉悦感"，是情景主题化设计的核心！在整个购物中心，人们的活动多数时间都不是静止的，需要在行走过程中获得一种动态体验。空间序列不仅能影响消费者的这种体验，还影响主题叙事的完整性，进而对消费者的内心感受造成影响。

完整的空间序列表达，会将时间和空间的三维布置有机结合起来，打造出一个有序的动态空间，完整、统一、协调、有主次、有节奏……如此，人们在行进过程中，就可以感受到时间和空间带来的体验。

第三章 全零售生态之重构消费关系

——打造强关系，链接要互动

成交来源于信任，信任来源于顾客强关系

一、信任是成交的基础

在移动互联时代，对于零售业来说，谁能抓住粉丝顾客，谁就有未来。但是，要让顾客成为你的粉丝，仅用"粉"的方式还不够。和顾客建立关系是第一步，之后就要利用价格战来吸引销量了。可是，如果想最终提高顾客的忠诚度，就要依赖顾客与零售商之间的关系了。

Tesco（特易购）是英国排名第一、全球排名第三的大零售商，年收入200亿英镑。它是如何做到这一点的呢？Tesco 的顾客忠诚度远高于同行，活跃持卡人有1400多万人。同时，Tesco 还是世界网上杂货供应商里最成功、利润最高的。Tesco 以3.2亿英镑收购中国乐购90%股份，是外资零售巨头

为进入中国市场而发起的最大收购案。

Tesco 充分利用信息技术，在数据挖掘、增强顾客忠诚度等方面先于同行。通过会员卡与磁条扫描技术掌握会员顾客的购买偏好和消费模式；之后，他们会根据分析出来的结果，为不同的细分顾客群设计个性化的推送内容。

Tesco 的品牌联合计划非常值得借鉴！其将几个强势品牌联合起来，推出了顾客忠诚度计划。根据群体差异提供多样奖励，比如，针对家庭妇女的"Me Time"（我的时间）活动：凡是已婚女性都可以通过日常购买积累点数，换取当地的高级美容、美发沙龙和名师设计服装的折扣或免费体验。

如今，粉丝经济风起云涌，引起了零售业的关注。但不少店面用微信疯狂吸粉，只不过是一时跟风。虽然最初都想与粉丝建立起一种连接关系，但很快就不重视了；而一旦这种连接流于形式，就会变得无比脆弱。

零售业的发展，给消费者提供了越来越多的购物场所，但是面对这些场所，消费者究竟会选择哪一家？毫无疑问，当然是所有人都最信任的那一家！

通常，零售商对人为损坏的新商品，是没有免费更换义务的。但有些公司，不管是否确实是人为损害，都会给顾客免费换新。正是因为这个，让苹果仅用了短短几年，就把手机业巨头——诺基亚挤出了市场。

在很多人看来，苹果的成功归功于极致创新。但是，苹果的成功也仰仗于顾客的忠诚度。另外，苹果零售店从来都不会给店员制定死板的业绩考核制度，因为他们更信赖店员与顾客的互动关系，而非买卖关系。

说到苹果的售后，那就更强大了。苹果售后电话很快就能打通，而且客服的回答也非常专业，不管顾客提出什么问题，都能及时解答。

可见，零售业要想提高成交率，就要先打下信任的基础。我们不会给自己信任的人设防，顾客也不会在信任的店铺和店员面前设防。店铺和顾客之间的强联系是信任的来源，这种关系需要顾客对店面有足够的了解和认可。

二、提升零售业的顾客忠诚度

顾客忠诚营销理论，建立在 20 世纪七八十年代的"企业形象设计理论"和"顾客满意理论"基础上。其主要内容为：企业要把满足顾客需求和愿望作为目标，有效预防和消除顾客的投诉和抱怨，不断提升顾客的满意度；要以顾客忠诚度为基础，建立起企业和顾客相互信任和依赖的"质量价值链"。

在营销界，有这样一句话："做生意要先做人，产品可以同质化，但卖产品的人是无法同质化的。"在中国，人与人之间的信任要高于人对组织的信任。在商业社会，要想提高信任度，就要先发展个人关系，然后再由个人关系过渡到组织关系。

销售人员的言谈举止、人品道德直接影响着顾客的信任度，如果言而无信，即使企业品牌很出名，产品也不错，也会举步维艰。在销售产品之前，一定要先将自己销售出去。

企业增加利润的主要来源始终是忠诚顾客，建立并维持顾客对企业的忠诚，是所有零售商的共识。在当下的市场环境，传统零售企业要抵御节支困难、增收缓慢、利润空间严重压缩等压力，还要应对互联网技术高速发展带来的网络零售渠道分流局面。面对不断变化的消费者需求、习惯和行为，有效地建立顾客忠诚度才是上策。

三、零售业顾客忠诚度的建立方法

"顾客是上帝"曾是一句亘古不变的真理，但要真正实现却很难。要想提高顾客的忠诚度，不仅要满足顾客的最基本要求，还应将这种思想延伸到网站建设工作中去，在制定电子商务战略时做到以顾客为中心。

通常，电子商务贸易中很难见到真实商品，又没法和顾客面对面，对顾客也不重视，比如，对顾客的疑问不理睬，对顾客的提问鄙夷厌恶，甚至觉得提问题的顾客很幼稚……这些行为都会赶跑顾客，降低顾客忠诚度。在海南新闻网曾看到过这样一则报道：

有家超市网站以购物换油活动实行欺诈行为。活动规定：消费者在网站购买一定价钱的商品后，就可以免费得到一桶大豆油，可是当消费者购满后，商家却说"油已送完"。消费者不满，投诉，最终该网站得到了应有的惩罚。

这种欺骗消费者、对顾客极为不尊重的行为，必然会令顾客不满，有了这样的恶劣体验，即使以后再举办诱人的活动，也不会有人参与了。

研究发现，顾客忠诚度是高品质产品和服务生存的关键！那么，如何才能让顾客信任你、提高忠诚度呢？零售企业要想在电子商务下建立顾客忠诚度，可以参考以下六种方法：

（一）真正了解你的顾客群

要想真正了解顾客，就要认真分析顾客，了解他们是如何为你创造营收与利润的。要找到营收的来源，并对此进行划分；同时，找出主导销售的顾客、产品和服务，找出能为你带来最大利润的顾客。

（二）提高产品的质量

如今，消费者需求逐渐复杂，市场竞争日趋白热化，致使现代企业产品不断外延。当产品的核心功能逐渐趋同时，谁能更多、更快、更好地满足消费者的复杂需求，谁就能赢得消费者、占领市场、取得竞争优势。提升顾客忠诚度的有效保障，就是提供高质量的、能满足顾客需求的产品。

（三）完全对顾客的服务

低劣的顾客服务会直接影响利润。一般来说，那些问题被很好地解决了的顾客，会比从未遇到问题的顾客更忠诚。在如今的电子商务领域，90%的顾客会再次光顾遇到问题但得到满意解决的零售商，而未曾遇到过问题的顾客忠诚度只有83%。原因就在于，不管你放出何种服务和质量宣言，顾客都会看作是宣传口号；如果你能兑现承诺，他们就会更加忠诚。

（四）理解顾客的期望

要想知道顾客需要的和期望的到底是什么，就要通过有效途径，进一步准确地获取顾客信息，仅信奉"顾客永远是对的"这类口号是远远不够的。要想建立顾客忠诚度，就要先建立一套能帮你理解并满足顾客需求的策略，基本做法就是站在顾客角度看问题。

大米科技采用体验店形式，用快餐引流，因为他们相信，顾客吃得好一定会再来。

米饭好吃，会不会买大米？一定有人买，还会长期重复购买。买了大米，就比较容易接受价格不菲但智能化程度很高的智能电饭煲、智能米桶、智能杂粮桶了。

这样，站在顾客的角度看问题，自然会牢牢建立顾客忠诚度。

（五）重新为顾客定义对杰出品质的期望

不要仅做满足期望的事，更要让顾客获得超越期望的东西，为其提供一个独特的、能让人记忆深刻的产品或服务。

（六）通过康复工作化解服务问题

面对顾客的不满，可以按照以下六个步骤进行康复工作：

（1）积极承认给顾客带来的不便，并予以道歉。一句道歉费不了什么功夫，但却能很好地留住顾客。

（2）对正在气头上的顾客，要注意倾听、有同理心。在顾客生气的时候，如果有人能真诚地倾听他发泄，顾客通常都会抱有好感。

（3）针对问题提出公平的解决方案。在这一阶段，顾客需要看到零售商拥有处理问题的权力和能力。顾客要看的是行动，而非几句空话。

（4）给顾客造成不便或伤害后，要及时给予有附加价值的补偿。只有对顾客表示出真诚歉意、合理的回应，才能获得顾客的忠诚。

（5）要遵守承诺。一旦对顾客做出承诺，就要主动履行，不要做你无法满足的承诺。

（6）不要在商品卖出后就弃之不顾。销售不是企业与顾客建立关系的终点，而是起点。良好的售后服务是网站对顾客关心的延续，草率地弃之不顾，是很难留住顾客的。

用沟通工具精准链接目标顾客

一、沟通的概述

新零售时代，消费者可以从多种渠道获取商品与零售信息，零售商也可以利用实体展示、电视、电脑、平板和手机屏幕为消费者传递信息，以此来诱惑消费者。

在美国零售业内，彭奈创设的基督教训商店非常有名。彭奈的第一家门店开业不久，遇到一位客人。这位客人是来店里买搅蛋器的，于是就有了下面一段对话：

店员问："先生，您想要好一点的还是质量次一些的？"

客人听了，不太高兴："当然要好的，谁会要不好的东西？"

店员把店里最好的"多佛"牌搅蛋器拿了出来。客人看了看问："这是最好的吗？"

"是的，而且这个牌子很古老。"

"多少钱？"

"120 美元。"

"什么！老牌子也不用这么贵吧？我听说，最好的不过六十几美元。"

"哦，那种我们也有，不过不是最好的。"

"可是，会差这么多钱吗？"

"其实差得不多，还有十几美元一个的。"

客人听了这话，马上变脸，掉头就要离去。

彭奈见状，急忙赶过来对客人说："先生，您是不是想买搅蛋器？我给您介绍一种好产品。"

客人似乎又有了兴趣，问："什么样的？"

彭奈把另外一种牌子的搅蛋器拿出来，说："就是这种，您看一看，样式还不错吧？"

……

只有满足顾客价格和品质的双重标准，才能成为最后的赢家。要想成功引导顾客，关键在于如何把贵的产品变成对的选择，如何能用低价策略让企业和顾客实现"双赢"。在这一营销过程中，实现企业与顾客的沟通尤为重要。那么，什么是沟通呢？

所谓营销沟通，是指企业在进行品牌营销时，通过和顾客进行双向信息交流，在达成共识的基础上完成价值交换的过程。从本质上讲，营销与沟通是分不开的：营销就是沟通，沟通就是营销。

沟通说起来好像很抽象，但我们身边每时每刻都在发生。父母与孩子之间需要沟通，爱人之间需要沟通，老师与学生之间需要沟通，员工与老板之间需要沟通，甚至企业与企业之间也需要沟通，商家更应该与顾客建立良好的沟通。

现在，多数年轻消费者都是通过移动端获取信息的，经过对比评估后自由产生购物意向，如果想和这类顾客建立关系，必须通过微信、QQ进行；而对年龄偏大的消费者，还是采取传统的连接方式比较好，如电话、短信、微信、在实体店内展示信息等。

想要和顾客建立良好的关系，先要突破传统零售思路，不能仅将商家和顾客的关系停留在一手交钱一手交货的交易层面；同时，还要打破靠价格战来维持顾客黏性的传统思维，对顾客的消费行为进行思考，并通过沟通工具精准地与目标顾客连接。此外，还要对目标顾客进行分类，不能让店面会员仅仅停留在电脑里。

二、用沟通工具精准连接目标顾客

要想取得好的业绩，就不能被动地等顾客主动接收信息、感受商品，要主动与顾客建立沟通关系，让店面每天24小时顺利地与顾客连接起来。如何用沟通工具来连接目标顾客呢？

（一）建立在数据库之上的沟通工具与方法

企业要想长期进行精准营销，就要先建立一个潜在消费者数据库，而且规模一定要大，信息数据也一定要完备。这是一项长期而艰巨的工作，需要企业不断努力、持续积累。

为了顺利与顾客沟通，企业在建立自己的消费者数据库时，也可以从其他组织的相应数据库中，筛选出自身需要的相关信息。概括起来，基于顾客信息数据库的沟通媒介，主要有以下四种：

（1）邮件直复。具体过程是：在潜在消费者数据库中，通过对比消费者特征，寻找出可能需要某一产品的潜在顾客，然后给他们发送邮件，把有关产品及服务的详细情况介绍给他们。如果能找到与产品相关性非常强的潜在消费者，精准营销就能达到成本低、收益高的目的。以花旗银行的邮件直复营销来说明。

20 世纪 80 年代初，美国法律放松了对金融业的管制，银行可以在他州设置分行。花旗公司决定利用这次机会，率先打入中大西洋区的抵押放款市场。但现实是，要设置一家分行需要花费巨额成本，人力、资金和时间的耗费都相当可观。花旗公司另辟蹊径，采用了直复营销的策略，利用当时普及度非常高的电话和邮递业务，和顾客直接接触。业务不受地域局限，大大节省了人力、资金和时间。

花旗公司先成立了专案小组，设计推出了一款金融产品；同时，推行换屋贷款，向资产雄厚的顾客提供贷款，帮助他们进行房屋改建、增置或其他用途。之后，在报纸上投放广告，到大区内推广宣传，加深消费者的印象，同时配以直接信函。

花旗在强调贷款利率的同时，突出了期限弹性强、业务办理快速、方便等优点，消费者产生兴趣并拨打电话后，就会听到电话营销员的详尽解答，他们会记下有申请贷款意愿的顾客地址，给他邮寄申请表，并预约下次电话时间。

第二次通电话时，营销员就会告知顾客如何填写申请表，并引导顾客把填写完备的申请表送到区域推销员处，进行信用审核和贷款处理，然后签订贷款协议。

在这一沟通过程中，花旗的顾客数据库也建立起来了。他们会通过邮件和电话收集大量顾客资料，据此对顾客职业、收入、消费水平、贷款意向等进行深入分析。这样，就为银行开展长期业务提供了更准确、更动态的信息。比如，顾客的子女要上大学了，银行就会给顾客推送大学教育费贷款的信息。这种极具人情味的做法，有效提升了顾客的忠诚度，使银行可以同顾客保持长期的良好关系。

花旗公司为这一策略设立了三项效果评价标准：推广成交的户数、每户的收益、推广的成本。分析某一时段的数据之后，他们发现，符合条件的消费者都喜欢通过免费电话进行业务查询；测试还表明，组合多种媒体，还会产生互补效果。

本来花旗公司在马里兰州寂寂无名，但使用直复营销，不仅和当地的新顾客建立了关系，还成了领导中大西洋房地产生意的大业主。不仅如此，花旗公司还开辟了新的金融产品营销渠道，为全美同行业者做出了营销示范。

（2）投放 E-mail 广告。通常，用户在申请 E-mail 信箱时，会按照要求留下很多个人信息。针对这一特点，企业可以和 E-mail 网站开展合作，在其用户群数据中选择与企业产品特征相符的用户，向他们发送相关的企业广告，并把企业的联系方式留给用户，方便之后的进一步沟通。只要能挑选出与企业产品特征高度吻合的用户群，企业就能实现精准营销。

（3）呼叫中心。这种方式类似于邮件直复营销，采用的主要方式就是拨打电话。比如，沟通信息相对简单时，可以利用电话双向沟通的特点，提高沟通效率。

目前，银行、网站等机构多采用呼叫中心的方式来建立和加强与顾客的沟通。企业也可以通过这种方式，及时了解顾客需求，更好地为顾客解决问题，增强营销效果。

（4）短信实名。短信实名又称国际化无线域名，是企业在无线互联网上的全球唯一标识。所谓短信实名就是，企业将自己的名称、产品名称等进行短信注册，这个关键词可以连接号码或 WAP 网址。

电信运营商有用户使用手机的完整过程，消费者的特征可以在语音通话以外的服务中反映出来。在营销过程中，企业完全可以与电信运营商合作，从手机用户的数据库中找出那些与企业产品特性相符的潜在消费群体，直接用手机和用户取得联系。

（二）建立在互联网之上的沟通工具与方法

利用互联网识别消费者的心理和行为特征，也可以达到精准营销的目的。企业完全能够根据消费者的显著特征，针对性地开展顾客沟通。以互联网为基础的顾客沟通，可以通过以下三个有效媒介：

（1）关键词搜索广告。Google、百度等大型搜索网站都提供关键词搜索广告服务，消费者如果想购买某类产品或服务，可以通过这些网站去搜索相关信息。如果企业的产品信息可以出现在搜索网站上，能让有需要的消费者看到，针对性、精准性就会变强。比如，顾客想买一台笔记本电脑，会先上搜索网站查找相关信息。如果此时跳出的是你家的产品信息，顾客自然点击。

（2）网络社区。网络社区是建立在互联网上的虚拟社区，比如博客、论坛、QQ 等都是比较流行的网络社区。在这里，人们通常都有共同的兴趣爱好，沟通受众具有较强的同质性，企业可以明确沟通目标，采取一对多的沟通模式，达到不错的效果。

要想有力地推动企业开展精准沟通营销，就要将此类网络社区作为重点关注对象。同时，如果能够利用互联网强大的传播能力，策划一个创意沟通，能最大限度地发挥沟通效果，获得超出想象的收获。

（3）来电广告。消费者有需求时，可以通过网络广告页面把自己的电话号码上交，或是直接用电话拨打转接号码，和广告发布者接通电话，直接进行沟通洽谈。而且，只有在信息发布者接通需求方来电时，广告服务提供商才开始计费，信息发布企业才需要向其支付广告费用。

顾客互动是打造强关系的基础

一、互动，让顾客从了解到满意

在房地产营销过程中，经常会看到这样的现象：某企业每逢有新楼盘开盘，老业主就会回来捧场；而且，通常由老业主介绍过来的顾客，成交率都很高，甚至部分楼盘 50% 的成交率来自老业主推荐。

某市有家房地产公司，每开发一个楼盘，就会有很多顾客跟进买入。相比房地产业中重复购买率较低的现象而言，这算得上是个奇迹了。它是如何做到的呢?

这家房地产公司的成功秘诀，就在于与众不同的顾客管理和顾客互动机制。

(一)"第五专业"——顾客关系管理

公司通过多年的实践和反思，认为除了设计、工程、营销、物管之外，还有"房地产第五专业"的概念，即顾客关系管理，就是把原来的项目导向转变为顾客导向。

(二)注重顾客体验

在这家公司看来，产品即道具，服务即舞台，只有为消费者营造一个令人产生愉悦和联想的环境，让消费者融入其中，才能获得消费者认同。换句话讲，公司出售的不再是"商品"和"服务"，而是顾客体验，是顾客在公司营造的环境中经过自身感悟和想象获得的精神至上的愉悦与满足。

(三)"6 + 2"服务法

公司独创了一种"6 + 2"服务法则，从顾客角度出发，在营销环节实施策略。通常，要经过这样六个步骤:

第一步:温馨牵手。房产信息公开透明，销售人员在介绍公司所有在销项目时，既会把有利于顾客的内容宣传出去，也会把不利于顾客的内容一并告知。

第二步:喜结连理。在业主签约之前，会明确告诉业主签约注意事项以及合同条款中存在的疑问;同时，还会将业主和公司的沟通渠道直接告诉对方。

第三步:亲密接触。在业主和公司签约后到拿到房子的这段时间里，公司会与业主保持亲密接触，不仅会定期给他们发送短信、邮件，还会组织业主参观楼盘、知晓楼盘建设进度，使业主掌握楼盘动态。

第四步：乔迁之喜。在业主入住时，公司会专门为其举办入住仪式，表达对业主的敬意与祝福。

第五步：嘘寒问暖。业主入住后，公司仍然会关注业主的需求；同时，他们还设置了专门的顾客经理，对业主实施跟踪。通过沟通平台，及时发现、研究和解决业主的问题。

第六步：承担责任。任何房子都会出现问题，一旦出现问题，公司不会推卸责任。

（四）精心打造企业和员工互动形式

在发展过程中，这家公司也在不断更新自己的观念。在他们眼中，顾客不仅是房子的买主，企业和顾客做的也不再是"一锤子买卖"。

1998 年该企业就创立了"万客会"，通过优惠购房、积分奖励等措施，持续为购房者提供系统化的周到服务。随着万客会理念的不断丰富，现在还建立了一种基于双向沟通与互动的高层次共享机制。会员之间拥有更加亲密的关系。

通过这一成功案例，不难看出：企业要走向成功，仅让顾客了解自己还远远不够，必须超越了解，达到信任。而要建立稳固的信任，关键在互动，即企业与顾客之间的互动。

企业的生存和发展离不开顾客的忠诚，每获得一个新顾客就要付出一定的成本，特别在供过于求的市场形势下，这种成本会越来越高。可是，新顾客无法为企业带来更丰厚的贡献，相比之下，老顾客（忠诚顾客）却可以持续为企业带来巨大贡献。

研究发现，企业利润的决定因素不在市场份额，而在于顾客忠诚度！在他们分析的样本中，每当顾客忠诚度上升 5 个百分点，企业利润就会上升 25%～85%。同时，企业为老顾客提供产品和服务的成本却在逐年下降。更值得注意的是，忠诚的顾客会主动做企业的"传道者"，会"自觉"向周边的人推荐企业的产品和服务，甚至愿意为其付出较高的溢价。

忠诚顾客是当前企业的重要竞争力，更是企业获取长期利润的重要源泉。那么，企业应该怎样培养顾客忠诚度呢？显然，单靠链接目标顾客是不够的，让顾客在与你的交流沟通中零距离地获取信息与服务，并亲身参与，增进感觉交流，逐渐培养信任度，加强关系、建立黏性，才更重要。

在这一过程中，要想完成商品及店面品牌的营销，最需要的就是互动。要让人们深刻记忆品牌，并乐于传播，就要和顾客互动起来，互相沟通、实时反馈，使之通过进一步了解、熟悉，建立起一种信任强关系，信任度越高，成交率也就越高！

二、与顾客建立互动型关系

虽然与顾客建立起一种互动关系很重要，可是这一点目前仍是我国零售业普遍存在的软肋。顾客关系的发展，仰仗企业和顾客间方便及时的信息交流与沟通。

如何与关键顾客建立长期而稳定的合作关系，是每个零售企业在研究顾客管理时要考虑的问题，同时也是迫切需要解决的问题，企业一定要重视。当然，要想实现这一点，企业完全可以从以下四方面做起：

（一）零距离服务

具体举措有：

（1）服务时间。要想为客户提供零距离的服务，就要做到这几项：修改店铺现有服务流程，对 VIP 会员提供快速响应服务和特殊程序策略。

（2）主动服务。根据服务发起的时机，可以分为被动服务和主动服务。过去我们做的基本都是被动服务，即顾客有要求，店铺再给予服务。如果想和顾客零距离，就要提高服务的主动性，将主动服务当作服务管理的重点。

（二）赢得顾客信任

在顾客关系管理中，顾客忠诚度是最重要的。其衡量指标有顾客流失率、顾客平均交易年龄以及顾客店内交易量占其总消费量的比例等。那么，怎样才能赢得顾客信任呢？

（1）关心顾客利益。购买家电时，商家基本上都会承诺"凭发票可获得一定的保修期"。可真到了需要保修的时候，又会出现种种问题，比如找不到发票。如果商家以买家的利益为出发点，帮助其解决类似问题，就能赢得买家信任。

（2）提供差异化服务。要想实现服务的差异化，不仅要区分普通顾客和 VIP 顾客，还表现在区分不同的 VIP 顾客。基于个人需求的服务，才是真正意义上的个性化服务。

（三）让顾客参与管理

在管理学中，参与式管理通常都是用来激励员工的，让员工参与企业管理，自然会提高员工士气。其实，这种内部激励法同样适用企业与顾客。让 VIP 顾客参与企业产品和服务的开发、管理过程，同样可以有效提高顾客的满意度。

比如，波音公司在研发 777 机型之前，邀请世界各地飞行员和航空公司职员，让他们参与设计方案的讨论，结果竟然征集到上万条有价值的意见。

（1）进行重大技术研发或管理活动时，邀请顾客参与和见证，不但可以让顾客从个人立场对企业提出要求，还可以让企业从一开始就根据市场动态进行产品开发，以免产品面市后遭到拒绝；另外，还可以让顾客从中感受到尊重和关怀，转变成长久的忠诚。

有家空调企业为了提高顾客满意度，每月都会组织一次质量改善会议，把全国的重要经销商都请来参加会议，让他们反馈质量问题并提出改进建议。

如此，在顾客遇到问题时，就可以站在企业的统一战线来思考，共同妥善处理问题。这种转变非常有利于建立互动的顾客关系。

（2）提高内部过程的透明程度，可以令顾客对自己的产品生产过程心中有数，还能让顾客及时地表达自己的愿望。精明的面包店主会在前台设置一个面包烤制现场，顾客可以透过玻璃清晰地看到面包生产过程和卫生状况。

（四）感情交流

要想和 VIP 顾客建立感情，顾客满意度调查是个不错的方法，尤其当企业依据调查意见切实进行了管理改进并让顾客看到效果后，这种感情就会变得更加"深厚"。

要想进行顾客满意度调查，关键是选择合适的调查方法，设计出有启发性的调查表格，分析和改进服务管理并及时反馈结果。调查方式可以是面谈、电子邮件、传真、信件等；调查方法可采用抽样调查、百分百调查等。

设计表格时要注意：问题的设置应具有发散性，要尽量用词语法、图示法、联想法、情景设计等方法，努力挖掘 VIP 顾客的建议，以掌握顾客的深层心态。不把满意度调查的意见整理、分析结果公诸于众，是不对的！只有将结果反馈给 VIP 顾客并对其表达谢意，才能让调查工作形成闭环。

建设互动型的顾客关系，必须保留和发展企业的 VIP 顾客！所谓法无定法，只要能实现这一目的，企业就可以充分发挥创造性，采用各种措施，逐步建立自己的 VIP 服务体系。

互动的顾客关系可以真正将企业打造成以顾客为导向、以顾客利益为驱动力的社会组织，这样，企业才会占尽市场先机。此外，企业还应定期检讨、评估、修正这一服务体系。

用好互动工具，讲究互动形式，把握互动原则

一、与顾客互动

2014 年，为了传达"慢生活"理念，茵曼的新装发布会以"向日出 Say Hi"为主题，邀请生活在城市里的女性看日出，并在 PC 端和手机端一同带给消费者一场别开生面的"日出"发布会。

茵曼以中国最大的电商网站"天猫"作为自己的 PC 端选择，而手机端则瞄准了用户数量最多的手机社交平台——"微信"。在天猫，消费者可以通过互动视频参与整个过程，并通过与故事线互动领取优惠券，一边看视频，一边选购。在这里，顾客不仅可以体验 360 度的服装细节展示，还可以感受最大限度的抢购乐趣。

据悉，茵曼的这次云端发布会共动用了上百台机器进行拍摄，有 100 多位工作人员参与。其将 360 度全高清实景拍摄与 CG 三维电脑技术结合，将

500 分钟的素材剪辑成 4 分钟的精华短片，在不同的平台，客户都可以实现别具一格的互动体验。

茵曼打破传统思路，在云端完成发布会，不但极具创意，其强大的执行力也令人叹为观止。当多数电商品牌还在通过降价、打折来吸引消费者时，茵曼却找到了自己的品牌化之路，实属难得！茵曼的这一举动，不仅完成了新品发布，促进了品牌销售额，更让茵曼的品牌形象得以深化，传递出了慢生活的品牌主张。

为了刷新存在感，营销界经常会出现很多"新词汇"，比如整合营销、营销 3.0/4.0、互动营销等。自从社会化媒体进入人们的视野后，"互动营销"就成了行内人士嘴边的时髦词。那么，究竟什么是互动营销呢？

互动，就是你来我往。互动营销中的双方，一个是企业，另一个是消费者。只有让双方产生利益共同点，采用巧妙的沟通时机和方式，才能将双方紧密地联结起来。简单来说，互动营销有以下五个特点：

（一）互动性

互动营销强调的是企业和消费者之间的互动。一般由企业在前期进行策划，然后选定一个话题，再由网络营销公司做幕后推手进行引导；接着，消费者参与其中。这就是常见的基本互动。

开展互动营销，其关键就在于——互动性！在进行营销推广时，企业要在目标受众感兴趣的领域融入更多的信息。比如，认真感受粉丝的每一次思想动态并认真回复粉丝留言，唤起粉丝强烈的情感认同。久而久之，企业和粉丝之间就会产生出一种微妙的情感连接，而非利益连接。

（二）舆论性

消费者在网上进行的互动，多半是通过回帖等方式实现的。这样，就直接或间接地对某个产品进行了正面或负面的评价。在这个过程中，具有舆论领袖地位的人，会起到关键作用。就像杜海涛说的："我们在微博转什么产品，什么产品就会卖脱销。"这是对名人效应最简单的诠释。同时，这也告诉我们，在竞争日益激烈的市场环境下，舆论领袖的口碑作用对企业品牌的影响依然不可小觑。

（三）吸睛性

开展互动营销的目的主要是吸引眼球，如果企业做了一次互动营销，却无法吸引眼球，那这次营销注定失败。互联网经济就是眼球经济，如果营销策略没有吸睛性，也就谈不上互动了。

（四）热点性

互动营销事件通常有两种模式：借热点事件炒作、自己制造事件炒作。但要想在网络上把事件炒好，成功地引起网友的关注，就必须抓住网民的内心，也就是他们平时在网上最感兴趣的事。

（五）营销性

通常，互动营销的目的都是某种营销目的，因此有些企业会进行一些炒作和互动：通过网络营销公司的策划，采用互动营销的方式，帮助企业传达品牌形象、促销产品。

二、常见的互动形式和原则

传统零售思维范围小、动作单向，顾客通常都是被动地接受商家推送的信息。新零售时代的互动，则要从线上和门店互动两方面来进行，通过多种形式的互动，让顾客全方位地感受并参与其中。

（一）线上互动

线上互动即利用互联网等工具，把产品、活动信息传递给顾客，吸引顾客参与互动。在这一过程中，顾客会对店面和商品有更深入的了解，并愿意到店内或直接在线上消费。

随着移动互联网的兴起，线上互动通常在移动端完成，常用工具就是微信公众号、朋友圈、微商城以及其他个性化互动工具。有些商家会开发自己的 App，但有些顾客会觉得使用 App 很麻烦，开发 App 也会有一定的难度，因此较少商家选择。

线上互动形式常见以下七种：

（1）转发集赞。这是最常见的互动方法，可以让顾客吸引更多人注意和了解产品信息或活动内容。具体方法是：发动粉丝转发公众号文章或朋友圈内容，让顾客鼓励朋友们点赞；积满一定数量的赞后，可以免费获得优惠券或礼品。

（2）微信游戏。为了有效吸引顾客参与，可以给顾客提供一些简单易玩的小游戏，过关后，给他们一些积分或奖励。还可以在游戏过程中巧妙嵌入产品信息，让顾客一边玩一边了解。

（3）微信红包。现在，很多人也热衷于抢红包，为了引发顾客的兴趣，完全可以在微信群里发放红包。一旦顾客开始关注你的红包，慢慢地就会关注你的商品信息了。

（4）点赞有奖。具体方法是：在朋友圈发布相关内容，设置点赞有奖的规则，吸引顾客关注微信。当越来越多的人关注点赞活动时，他们对企业及产品也就多了一些认识和了解。

（5）问答有奖。为了吸引顾客参与，有些企业会在朋友圈或公众号提出一些简单的问题，吸引顾客回答或发起评论，并对精彩评论进行奖励。

（6）分享赠礼。具体方法是：引导顾客将自己的消费体验分享到朋友圈，吸引周边的朋友关注，甚至使其做出消费决策。

（7）签到积分。具体方法是：让顾客养成每天签到的习惯，签到换取积分或直接兑换商品，吸引顾客每天都到平台上来。

线上互动形式层出不穷，在此我们就不再展开说明了。互动活动不同，产生的效果也不一样，但是一定要足够创新、好玩、有品质，最关键的是内容要俘获顾客，让顾客觉得有意思从而愿意分享。或者利用一些优惠，诱惑顾客进行分享。一定要让产品、店面的相关信息通过互动传递给目标顾客，形成良好的店面印象，吸引顾客走进店内。

（二）门店互动

如果想加深顾客的购物体验，线上吸引是一方面，另一方面还要加强门店互动。当顾客喜欢到你家店购物时，不仅可以增加实体店的人气，还能创造出更多的现场销售机会。

（1）沙龙。为了提高顾客对门店的整体印象，使其更信任门店，有些零售商会定期举办面对面的沙龙，通过培训、讲座、品鉴、休闲等活动将人们吸引过来。

（2）照片墙。为了让顾客对门店产生依恋，创造黏性，可以利用微信打印照片，让顾客带走喜欢的照片，或在店内设置照片墙。

（3）体验互动。为了提高顾客的参与感，可以邀请顾客做免费体验，体验互动，比如试用新品、评价产品和服务等。

（4）商品DIY。如果条件允许，可以设置DIY区，让顾客在店内亲自DIY，比如手工皂、调配专属精油或香水等，让顾客亲身参与产品制作过程。

当然，与顾客互动也有利弊，互动好就能给门店增值，产生强黏性关系，加深顾客信任感，对销售业绩肯定有帮助；如果互动不好或执行不到位，顾客反而会觉得门店能力弱或商品和服务不好，从而降低好感度，不再进店。

因此，开展互动活动，要遵循简单、高频、精准的原则，活动要尽量简单，不要太复杂，方式以好玩、有趣、有创意、有个性为主，要让人记忆深刻、有传播点；互动的频次要把握好，既不能让顾客觉得厌烦，又不能因为长期不互动导致顾客淡忘了门店。

只有真正与顾客建立起强关系，顾客才会对门店产生信任感，互动的真正目的才能实现。因此，互动时，一定要根据目标顾客做精准信息推广。

案例解读：零售商需要建立与顾客的三个连接

一、建立与顾客的三个连接

根据顾客的需求提供产品，不仅有利于培养顾客忠诚度，还能有效降低企业的库存。

利维·斯特劳斯公司（Levi Strauss）针对需要现成合身裤子的妇女推出了 Personal Pair 牛仔裤，并成为实践"大规模定制"概念的先锋。

公司经过市场调查发现，很多妇女在决定购买哪条牛仔裤前，通常要试穿 20 多条。其他服装公司也进行了类似的尝试，比如它们的服装多数都是在网上销售出去的。因此，公司特别关注产品质量，因为网上销售出去的衣服中大约有 1/3 会因质量问题被退回。

Lands' End 服装公司曾推出过被称为 "Lands' End Custom" 的服务，顾客只要花费 54 美元，就可以获得一条定制的斜纹棉布裤。顾客只要按要求在线输入服装尺码即可。

男士需要提供身高、体重和上衣尺寸，女士则需要提供身高、体重和胸围。另外，公司还会针对顾客的不同体形，询问臀部、大腿比例等。之后，公司的软件系统会综合所有数据，制定出合适的服装数据样表；然后，把这些尺寸规格经网络发给墨西哥工厂。工厂就会通过电脑打版、剪裁，根据订单尺寸加工制作。两三个星期后，顾客的定制服装就完成了。

现在，能使顾客展现个性的产品前景广阔。比如 Reflect. com（宝洁旗下的互动性网上商务美容公司）为女士提供了 30 多万种化妆品配置，甚至还可以制定个性化套餐，而且顾客在 7 天内就能收到定制的化妆品。其实，零售业也可以通过这种方法加强与顾客间的连接，加强顾客与产品间的联系。

零售 1.0 时代，以发展店面为主；到了零售 2.0 时代，围绕产品兴起了连锁经营模式；现在已进入零售 3.0 时代，以顾客为中心的线上线下跨界经营模式正在形成。对于传统零售企业来说，搞清楚如何围绕顾客这个中心开展经营，才是最重要的。

肖女士是某品牌鞋店的老会员，她之所以会一直在这家鞋店消费，就是看中了店员持续不断提供的优质服务。

半年前，肖女士带着 2 岁的儿子逛街。来到这家鞋店时，儿子已经在自己怀里睡着了。肖女士转了一圈，看中了一双系带单鞋。她抱着熟睡的孩子坐下来，正想着如何试穿鞋子时，店员忽然示意她坐着别动，自己蹲下来帮肖女士换好了鞋，并把鞋带系好。

肖女士很感动："谢谢，你们这服务太贴心了！我就要这双了！我可以穿着去结账吗？"

"当然，我跟您一起去吧！"店员开完票，陪肖女士一同到收银台交了款。

结完账，店员又帮肖女士办了张会员卡。肖女士原以为在这家店的购物就此结束。没想到后来肖女士还收到了店里发来的节日祝福，有时是对鞋子质量问题的回访；有时是善意的提醒，告诉她怎样保养鞋子……

对于零售业来讲，店员的服务是至关重要的。顾客只要一到店里，店员就开始提供服务，经过细致的沟通，了解顾客需求并实现销售。对于零售业来说，最有价值的就是老顾客。因此，只有让店员和顾客建立强联系，让每位店员成为对应顾客的专属顾问，持续提供一对一的服务，才能增加顾客信任感，提升店员服务能力。

同时，为了满足新时代消费者的社交需求，还要建立顾客与顾客的连接，让商家与顾客、顾客与顾客之间的交流互动畅通无阻。如此，不仅可以提升产品知名度，还能成功实现老顾客介绍新顾客。想必大家都有体会，听销售人员滔滔不绝的推销，远不如旁边顾客的一句话有吸引力，比如，买水果时，即使商贩说得再天花乱坠，你也会将信将疑，但只要边上的顾客说一句"我买过一回，确实特别好吃"，你就会购买。

二、顾客与商品、店员与顾客、顾客与顾客之间相连接

多数实体零售商每天都要接待不计其数的顾客，可是相信任何一家企业都不敢说，自己了解顾客的消费行为！互联网时代，完全可以借助大数据来解读消费者，如此不仅能做出精准营销，还能预判消费需求。

过去，零售商的竞争战场是空间争夺，地理位置的优劣直接影响生意，所以才会出现"好地段贵如金"的现象，地段相对差，房租就便宜。可如今，移动互联网使时间竞争代替了空间竞争，消费者无论身在何地，都能在第一时间获取商品信息并在线购买，甚至可以在家里收货。

消费距离正在缩小，要想取得好的销售业绩，就要把关注点转移到消费者的服务体验上，精确地把握消费者的个性需求，为之提供个性化服务。那么，如何才能实现这一点呢？具体来讲，可从以下三方面努力：

（一）建立商品与顾客的连接，提供个性化服务

收银数据盒子是一种新上市的智能终端，只要安装在收银机上，就可以有效连接顾客与商家的核心交易闭环。顾客结完账就离开，商家无法对顾客多一些了解。其实，收银台也是一个建立产品与顾客连接的关键点。

如果顾客使用微信支付，纸质账单就会被电子化，完全可以推送到其微信上记账；还可以在小票上打印二维码，顾客只要扫码，就能获得电子账单。通过这个过程，顾客就被标签化了。有了这个标签，顾客就和产品建立起了关联，商家就可以对该顾客进行数据建模分析了。

当顾客再次消费时，商家就能分析历史数据，按照顾客喜好和需求，为其提供个性化的产品和服务。比如，顾客买过几次奶粉和尿片，通过数据分析，就可以给顾客推荐其他婴儿用品；顾客可以直接在手机上完成购买，等待快递送货上门或者亲自到店去取。这样就可以聚合线下流量并转化到线上来，从而为顾客提供更精准的互联网化服务。

与此同时，每天闭店后，商家还可以对这些数据进行整理、分析，搞清楚哪些商品卖得好、哪些顾客是自己的核心顾客，形成详细的分析报告，分发给经理、店长甚至店员。如此，通过这个智慧收银台，就很好地在产品与

顾客间建立起了连接。

（二）建立店员与顾客的连接，提供持续的即时沟通服务

线下零售连锁企业，可以参考"门店合伙人"的解决方案，主动将移动互联网与线下实体门店结合在一起，迅速建立起合伙人分销体系，实现企业的快速扩张。

"门店合伙人"的分销体系不同于个体化的微商分销，更适合零售连锁企业。具体操作方法为：首先，商家建立一个企业微信号，并对所有门店的营业员进行统一管理。其次，打通服务号，连接顾客。当顾客在店里消费时，可以给他配个专属顾问，这样即使顾客离店，也可以通过微信随时随地与他的专属顾问取得联系，获得服务。

比如，顾客向店员咨询衣服怎么保养、洗衣服需要注意什么等，店员就可以在线实时地回复，让顾客体验到更直接、更及时、更人性化的服务。这时候，如果店员想顺便给他推荐个新产品，也是很容易的。

（三）建立顾客与顾客连接，提供社交化服务

随着"85后"、"90后"消费者队伍逐渐庞大，社交服务需求日益增加。建立顾客与顾客的连接，就要充分满足这种社交需求。过去，顾客与商家之间，更多的是一种交易心态，而现在强调的是邻居心态。

所谓邻居心态，就是购物行为的产生，可能只是因为朋友的一句话，或者朋友的一种炫耀行为就刺激了其购物欲望。从交易心态到邻居心态，企业应该注意的是消费者心理的变化，要把顾客与顾客之间的社交价值充分发挥出来。

当然，要想构建线上线下相融合的数字化零售体系，关键是要建立好数

据连接。过去，传统零售企业在线下都没有做过任何关于消费习惯、消费行为的数据积累，所以顾客与商品、店员与顾客、顾客与顾客之间的关联都不密切。但通过线上连接，零售企业完全可以充分洞察顾客，为其提供精准化、个性化的服务。所以说，提升线下基础数据能力才是最重要的。

借力互联网，实现从"卖东西"到"卖服务"的转变，就可以以"互联网＋零售"的方式成功突围。完成线下基础数据能力建设后，就可以轻而易举地进行数据分析并据此提供精准服务了。如此，企业就可以成功实现虚实结合、碎片营销、品牌体验、服务至上。

第四章　全零售生态之深耕供应链
——管好上下游，实现品牌延伸

零售业转型，供应链成生死命门

一、永辉：供应链的整合

一条优质的供应链可以给零售企业带来什么样的底气？为了解答这个问题，下面我们用一则经典企业范例来做深入浅出的解答——深耕供应链的永辉超市。

2015 年元旦，50 多家来自福建的食品、日用品企业齐聚北京的 20 家永辉超市，其中包括银鹭八宝粥、福建老酒等知名品牌。以往的商品展销会一般都开在会展中心，但永辉超市却别出心裁，把展销会开在了自家超市。

同时，永辉超市还举办了一场采购商对接会。在会议中，永辉超市采购总部同北京部分商超负责人一起提出了 2015 年的商品采购计划，并与参展企业在现场进行了对接，福建"明星商品"正式进入永辉超市及其他北京商超供销系统。

其实，这次展销会只是永辉超市强势打造供应链过程中的一个小插曲。此前，永辉超市就做出了一系列诸如引入牛奶国际公司的投资和增资中百集团的动作，无一不表明这个"生鲜老大"要谋求更大的布局。永辉超市走上全国扩张之路后，也开始补充新的供应商，但无论是新电商平台还是 Bravo YH 精致超市，都是永辉超市"粮草先行"战略的受益者。

（一）打造联合供应链

近些年永辉超市的扩张速度明显加快，目前永辉超市已经成功由区域龙头转变成为全国零售商。从永辉超市第四次增持中百集团的动作可以看出，其渗透中西部市场的意图愈发明显。当永辉超市加速全国布局时，如何使整合跨地区供应链的节奏与开店速度保持一致，就真正考验永辉超市了。为了应对这个问题，永辉超市打造了联合采购供应链计划，不断完善与供应商的合作模式，最终实现了降低成本、提高产品质量、提高盈利能力的目的。

（二）从盲购到联合采购

过去，区域零售企业间缺乏联动机制，出现了很多采购盲区。从开店竞争到采购合作，为了实现供应链的整合，在未来的一段时间内，恐怕中国零售业还要扩大企业间的联合采购规模。这一系列动作，标志着其由粗放式开店向兼顾供应链体系优质化、精细化转变。

随着消费水平的升级，消费者对高端进口类产品的需求也与日俱增。永辉超市在 2014 年拓展业态时，开了 12 家 Bravo YH 精致超市。这是永辉超市转型之路上的重要举措，当然也对永辉超市的国际供应链提出了更高要求。

（三）复制生鲜直采模式

"生鲜模式"体系在最大程度上减少了产业链的中间环节，让永辉超市在生鲜食品自营直采上收效颇丰，还将其复制到了其他品类上。即使销售业绩下滑，他们也会坚持这一方向。

事实上，不仅是永辉超市，大部分零售企业都已经开始深耕供应链。同永辉超市一样，他们都通过整合供应链，采用以生鲜为主的差异化经营方式，短期内形成了较难模仿的核心竞争力。

从零售业的现状看，中国连锁经营协会与商务部配合进行的商贸行业典型调查统计结果显示，2013 年第三季度，便利店和超市是零售业中销售额增长最快的，分别为 13.3% 和 13%；而百货店和专卖店增长最慢，分别为 7.4% 和 6.5%。从毛利率的情况看，第三季度各业态分别较 2012 年同期下降 0.6 ~ 1.7 个百分点。

面对这种现状，零售业必须走上转型道路。而在企业转型时期，强化供应链就是企业的重点努力方向。从产品角度看，主要包括开发自有品牌，丰富生鲜产品，实行自采自营、基地直采（简称自营直采）策略；从周转角度看，企业应注重合理订退货，积极打造高效物流体系。

二、供应链概述以及对零售业的价值

供应链到底是什么？供应链管理对企业来说又有怎样的价值呢？答案就是，供应链关系到产品的生产、流通等所有环节，包括原料供应商、生产商、分销商、零售商以及最终的消费者。产品或其要素将这些成员组合起来，形成的网络结构就是供应链。

在传统物流管理系统中，企业自身利益是最大的，库存管理和物流管理相对滞后，整条供应链很容易产生"鞭子效应"，即终端消费者需求的细微变化，让前端生产商订单量发生巨大变化，造成不必要的浪费。为了避免这种低效率和低效益的商业行为，供应链管理概念应运而生。

一条完整的供应链涉及物流、商流、信息流、资金流四大块。所有供应链上的企业，只有经过这四大流程，才能使产品、资金、信息、交易等要素顺利地实现供应链节点之间的流动，使整条供应链成为一个不断变化的整体；同时，企业才能随时根据流通要素进行自身调整，实现整体的高效与优化。

在商业竞争日益激烈的今天，互联网的兴起使得商业环境复杂多变，不管哪种商业模式都会随时随地地面临被革新和颠覆的风险。在这样复杂多变的商业环境中，只有坚持"以顾客为中心"的经营理念，灵活、敏捷、快速、协调地满足顾客多变的需求，才能制胜。

企业供应链管理作为当前企业的核心竞争力之一，不仅可以让企业满足用户的要求，还能让企业实现成本的最小化和供应链整体利润最大化。因此，一定要重视供应链管理。

三、零售业转型期，如何经营供应链

目前，我国的零售企业普遍存在供应链管理观念落后、技术支撑不足、专业人才缺乏、物流系统效率低下等问题；同时，还没有与供应链上各成员建立良好的伙伴关系。可是，在零售业转型期，要想从根本上提升自己的竞争力，就要先经营好自己的供应链。

下面，我们就从影响消费者购买行为的价格、产品、购物等体验来浅析一下。

（一）价格

众所周知，电商之所以能够在瞬间抢走传统零售业的蛋糕，其杀手锏就是低价。

凭借每年超千亿元的采购规模，国美具备了提升价格的能力。虽然不是每个零售企业都具备这种能力，但这种做法依然值得我们学习。其转变的关键在于差异化采购，以差异化包销定制、"一步到位价"等多种采购方式，降低采购成本，掌握零售商品控制权，提高竞争力。

（二）商品

为了满足喜欢网购的年轻消费者的需要，除了要坚持低价，最关键的还要为他人提供丰富的品类供其挑选，满足年轻群体的差异化需求。

为了满足年轻群体的差异化需求，永辉超市确保了商品的丰富度，比如，为了加强中高端商品和进口商品的资源组织，永辉超市与牛奶国际等公司积极合作，整合供应链资源。在生鲜品类的采购上，永辉超市还把生鲜采购范围扩展到全球，包括海鲜、水果等。

（三）购物体验

老百姓买东西主要为了开心，对于零售商来讲，一方面要保证消费者消费得开心，另一方面还要保证消费者满意售后，愿意再次购买。

研究发现，在家电销售领域，传统家电零售业依然存在基础优势，大量门店依然有自己的价值空间。将自己的门店看作一个仓储、物流据点，服务能力和水平就会大大提高，只要稍微改变一下，就能大幅提升服务水平。

为了满足客户的需要，国美一方面借鉴国外企业经验，另一方面充分考虑国情，不仅在店内建立起专门的消费体验区，确保消费者在售中保持较高的满意度，在售后方面也采用了颇具价值的模式——"自建＋第三方物流"。这种方式不仅有效解决了一线市场小件商品的物流速度问题，也同步为顾客提供了便利体验。

不可否认，国美的这种策略是非常有效的，可是要想成功实施这种策略，就要提前洞察消费者的需求和行为。为了解这一点，零售企业就要创建一套强大的 IT 系统，这也是很多零售企业接触 IT 系统的关键原因。

此外，作为商业通路，物流的营销和数据价值巨大，是互联网时代唯一可以面对顾客的载体。在确保信息安全的基础上，零售企业要通过自建或掌控第三方物流体系，挖掘出数据分析和精准营销的价值。国美正是通过"自建＋第三方物流"模式，实现了信息溢价。

得益于深耕供应链，国美和永辉超市在行业低迷的大格局下，都成了零售业的转型范例。

与供应商建立战略联盟，实现双方利益最大化

一、供应链战略合作伙伴的概念

21 世纪的市场竞争已经不是企业之间的竞争，而是供应链之间的竞争。零售业作为日常消费品生产、分销和服务的带动者，已成为供应链的核心。

苏宁电器是领跑整个中国 3C 家电连锁零售业的先驱，国家商务部还将其作为全国重点培育企业之一。进入新经济时代，苏宁电器与各大供应商积

极组建战略联盟。为了实现与供应商的无缝连接，苏宁电器在连锁经营领域积极打造"IT 神经网络"。

首先，与索尼建立联盟关系，让供应链管理从上游厂商制造环节延伸到下游的零售渠道，真正在技术上提升了供应商管理库存的功能。

其次，苏宁电器成功地与三星进行了 B2B 对接，双方针对顾客需求分析、终端商业设计、产品展示演示、产品零售技术等过程，实现了"一体化"的全程合作，大大提高了两者的市场竞争力。

发展到今天，零售商和供货商之间已经不再是互有所图、相互制约的关系，转而向互相合作、互利双赢的伙伴关系发展，零售商可以帮供货商了解市场和消费需求，为其提供所需产品，并给出价格建议。对于双方来说，这是双赢的合作方式。

供应链战略合作伙伴，就是所有处于供应链上的企业组成的战略联盟，包括供应商、制造商、分销商、零售商等。他们相互独立，但为了实现共享资源、共有市场、快速响应市场等战略目标，自发组成了一个动态联盟，以优势互补、风险共担的原则，实现共同利益。

各相关企业建立合作伙伴关系，可以把各自的主要精力集中在业务上，大大增强供应链的整体竞争实力。但要想建立起真正的供应链合作伙伴关系，双方起码要满足以下两个条件。

（1）双方必须都有强烈的合作诉求和期待。瑞典乌普萨拉大学教授哈康松指出，各参与方的承诺是建立供应链关系的最重要因素。也就是说，供应商和顾客之间要坦诚相待，彼此信任；供需双方都应有各自的产品和市场，从而形成相应的需求。此外，只有供需双方都认为有合作的必要并有共同的合作愿景，才能共同谋求发展，建立"双赢"的战略伙伴关系。诉求和期待，两者缺一不可。

（2）双方必须坚持"利益共享、风险共担"的理念。利益和风险既对立又统一，要想获得较高的利益，就必须承担同等的风险。比如，汽车整车价格不断下调，很大一块被压缩的盈利空间都要由零部件厂承担；而且，原材料价格的大幅上涨也会带来不小的压力，使得许多汽车零部件厂的生意如同鸡肋。既然是合作伙伴，就要权衡利弊、风险共担，正确处理好大利和小利、远利和近利、整体和个体的关系。

二、供应链战略合作伙伴选择的原则和影响因素

对于零售企业来说，只有尽快提高自身竞争力，才能应对白热化的市场竞争，而供应链及其管理就是零售业提高竞争力的关键，是零售业稳步向前的重要力量！那么，如何选择适合自己的供应链战略伙伴呢？以及其会受到什么因素的影响呢？

（一）供应链战略合作伙伴选择的原则

选择供应链战略合作伙伴的时候，通常要遵守下面五个原则：

（1）合作伙伴必须各有核心竞争力。只有合作双方各自拥有核心竞争力并能相互结合起来，供应链整体的运作效率才能提高，企业才有可观的收益。只有合作伙伴努力实现各自的核心价值，企业才能让整条供应链保持良好运作，从而获得相应利益。

（2）合作伙伴应具有相同的企业价值观和战略思想。各企业若秉持不同的价值观和战略思想，合作必然不会成功。要想合作成功，就要秉持相同的价值观和战略思想。企业的价值观不仅要积极向上，还要有良好的战略目标，企业经营形象更应广受好评。

（3）合作伙伴间的工艺技术要具备连贯性。供应链上的合作伙伴，其技术标准要保持一致，产品设计、制造工艺都要具有连贯性。工艺上的差异、供应商制造力的发展局限，都会影响供应链上其他战略合作伙伴先进生产技术的引进，不利于整个供应链的运作。

（4）深入了解合作企业的业绩和经营状况。企业过去的经营状况，是选择长期合作伙伴的重要参考因素。通常情况下，只有业绩好的企业才容易被接纳，也更容易实现合作。

（5）合作伙伴间应实现信息共享和有效交流。既然是合作，双方只有提供更多的战略信息、进行有效的交流，才能使评价过程和结果的可信度更高、更具参考价值。

（二）影响战略合作伙伴选择的因素

任何事物的存在都不是孤立的，战略合作伙伴的选择也是如此！因此，在选择战略合作伙伴的时候，一定要关注对其造成影响的因素。

（1）工业与技术的相似性。要展开供应链合作关系，先要保持技术标准一致，否则会给整个供应链的运作带来影响。如果合作企业在技术上存在差异，双方应在平等互利的前提下进行协商，共同改进技术工艺的适应性；同时，供应方还要考虑新原则和操作的适用性。

（2）企业历史业绩的好坏。企业产品的质量、价格、交货状况都影响着其在供应商市场的名声和信誉。历史业绩好的企业更容易被选择方考虑在内，能更快地进入合作状态。但是，这并不意味着历史业绩差一定会被拒之门外。在选择合作伙伴时，可能会遇到供应商业绩差但企业潜力强的情况。这时候，双方就要积极寻找解决问题的办法。

（3）企业运营状况。在选择供应链合作伙伴时，企业运营状况是一个重要的因素。供应链企业要想进行长期合作，各企业就要在战略经营上保持一致。此外，供应商在选择合作伙伴时，还要综合考虑企业经营的各个方面。

（4）信息共享、交流效率。要想提高供应链效率，需要所有参与者的积极配合，因此合作双方要保持信息的交流和共享。

三、合作伙伴选择的步骤

在流通领域，零售业和供应商仅凭自己的规模和实力，难以应对当下的国际化竞争。因此，一定要选择适合自己的合作伙伴。当然，在选择合作伙伴的时候，通常要经过以下七个步骤。

（一）分析市场竞争环境

企业一切活动的驱动力都是市场需求！长期的供应链合作伙伴关系，需要建立在信任、合作、开放性交流的基础上。要先分析清楚市场竞争环境，找到适合产品市场开发的供应链合作关系。在此之前，必须知道当下的产品需求、产品类型和产品特征，明确用户需求，确定是否需要建立供应链合作关系。

（二）建立合作伙伴选择目标

企业必须先明确合作伙伴的评价程序及执行方案，比如，信息流程怎样进行？由谁负责？而且，必须确立实际的、有实质性的目标。评价合作伙伴是一个复杂的过程，包含了企业自身以及与合作企业之间的业务流程重组，实施得好，就可以给企业带来一系列利益。

（三）制定合作伙伴评价标准

制定合作伙伴的综合评价指标体系，要以科学简明、系统全面、稳定可比、灵活可操作为原则，在集成化供应链管理环境下进行。不同行业、不同企业、不同产品需求、不同环境，对合作伙伴的评价是不同的。但基本内容不外乎企业业绩、技术开发度、用户满意度、交换协议等。

（四）成立评价小组

为了更好地控制和实施合作伙伴评价，企业必须建立一个评价小组。组员要来自与供应链合作关系较密切的部门，比如采购部、质检部、生产部、工程部等；同时，组员的团队合作精神必须够强，必须具备一定的专业技能，必须得到合作双方最高领导的一致支持。

（五）邀请合作伙伴参与

评价一旦开始实施，评价小组必须第一时间联系初步选定的合作企业，以确认对方建立供应链合作关系的合作意向，确认对方是否有获得更好业绩的愿望。企业应尽快让合作伙伴参与设计评价流程，但参与评价设计的合作伙伴不能太多。

（六）评价合作伙伴

评价合作伙伴过程中，最主要的工作是全方位地调查、收集合作伙伴的相关信息。一边收集这些信息，另一边就可以利用相关技术方法和工具，对合作伙伴进行评价了。

在评价过程的最后会有一个决策点，需要依照一定的技术方法选择合作伙伴。如果最终选择成功，就可以实施供应链合作关系；如果没能选出合适的合作伙伴，则应返回第（二）步，重新评价选择。

（七）实施供应链合作关系

为了适应市场需求的不断变化，在实施供应链合作关系的过程中，可以依照实际情况，适时修改对合作伙伴的评价标准，或者重新对合作伙伴进行评价选择。如果要重新选择合作伙伴，就要给旧的合作伙伴充足的时间来适应变化。

科学重组业务流程，跨部门、跨职能、跨企业的管理及协调

一、供应链业务重组，实现双赢

我国引入企业业务流程重组（BPR）理论和供应链管理思想后，很多企业都尝试采用供应链环境下的 BPR 方式来改进企业管理，而许多国外著名企业则是将 BPR 同供应链改造一同进行的。零售业巨头沃尔玛就是最典型的例子。就是因为在供应链环境下实施了 BPR，才让沃尔玛在供应链中牢牢地占据了核心企业的位置。

沃尔玛与许多供应商开展了商业合作，共享信息和资源，建立了一套快速的管理信息、运作体系：每天的销售信息会通过信息平台发送到总部，然后通过软件分析和计算，直接经网络发送到供货商的信息平台上。通过这一系统，供货商实时监控商品的销售信息，快速掌握沃尔玛在任何地区的销售情况，并根据实际销售情况及时调整生产。比如，发现某类商品在货架上的数量接近临界值时，供货商就可以立即安排出货，并主动送货。

这样，不但有效减少了沃尔玛的业务流程，还能保证货源及时配送，极

大地减少了库存，降低了成本。而对于与沃尔玛合作的供货商来说，及时而准确地了解产品销售情况，就可以根据实际情况调整生产、减少库存了，还能更好地了解顾客需求，及时调整企业战略。

在供应链环境下实施 BPR，沃尔玛及其合作供应商共同创造了"双赢"局面。这再一次说明，借助业务流程重组技术，企业完全可以有效而深入地优化供应链管理体系，实现低成本和高效益，并在严酷的市场环境中掌握核心竞争力。

企业的业务流程是企业生存和发展的坚实基础，对内贯穿了职能组织边界，对外则跨越了整个企业边界。要进行跨组织流程的设计和管理，不但需要借助先进的技术手段，还需要拥有新的管理思维方法。因此，要把 BPR 理论同供应链管理的思想结合起来，用 BPR 的管理思想和方法，不断支持拓展供应链管理，才能适应经济的持续快速发展，提高企业的核心竞争力。

二、业务流程重组概述

企业业务流程重组（BPR）的核心就是"流程"！通过改善供应链中的信息流、物流、资金流、工作流，通过企业内外部组织流程跨界重构，来反映顾客需求。

在企业内部，要求跨部门思考；就整体产业而言，则要求企业横跨整个供应链来思考。但目的都是提高整体效率、降低成本，这与供应链管理的目标不谋而合。

（一）业务流程重组的内涵

1990 年美国著名企业管理大师、原麻省理工学院教授迈克尔·汉默（Mich Hammer）提出了业务流程重组（RPR）理论。这一理论指的是，通过翻新思考、翻新作业流程，可以实现成本、质量、服务、速度等方面的"戏剧化"的改善。为了增加综合实力，美国很多大公司，如 IBM、通用汽车、福特汽车、XEROX 和 AT&T 等都实施了 BPR。实践证明，这些大公司在实施了 BPR 以后，的确获得了巨大成功。

（二）业务流程重组的实质

业务重组的实质，主要体现在下面五个方面：

（1）以顾客为导向。BPR 所追求的改造，要以顾客需求为导向，只要是没法为顾客创造价值的活动，都是 BPR 的改革目标。

（2）以流程为导向。许多传统企业都有注重"功能部门"的惯性思维，并不重视流程，只强调各部门完成各自的工作，而非着眼于整合全体完成一项工作。而 BPR 强调的是，打破部门及组织界限，以流程为重点，重新设计。

（3）从根本上重新思考及重新设计。企业不应将现有作业方式看作是天经地义的，而应经常反省存在的根本问题。经过思考，找出最适合企业经营的策略及方法，彻底颠覆现有的架构及流程，重新设计并构建新流程，而非只是在原有组织架构上小修小补。

（4）大幅度改善绩效。BPR 不是对原有组织架构进行修补，而是要彻底改变原有作业流程，追求组织绩效的大幅改善。这种改善不是单一目标的改善，而是从多个方面同时获得大幅改善，如成本、质量、反应速度、弹性等。

（5）运用信息科技技术。在流程改造环节中，有效运用信息科技技术是相当重要的一环。信息技术最关键的作用是可以突破时间、空间的限制，使信息流和物料流能在供应链上迅速传达。要有效进行供应链管理，就要让供应链成员之间的信息共享畅通无阻。

三、供应链业务流程

所谓供应链系统指的是，为终端顾客提供信息、商品和服务，从最初的原料供应商到终端顾客这一整条链上的关键业务流程和关系的集合。主要由三个互相关联的部分组成：供应链网络结构、供应链业务流程和供应链管理要素。

在这里，我们说一下供应链业务流程。在供应链系统中，企业应该把核心流程连接并集成起来。全球供应链论坛提出，供应链流程主要有八种：需求流程、产品研发流程、采购流程、生产流程、信息流流程、资金流流程、顾客关系管理流程、顾客服务流程。企业要根据自己的核心能力，对供应链业务流程做深入分析，明确自己的核心流程，将非核心流程转让出去。

四、面向供应链的业务重组

企业级的业务流程重组和供应链系统重整要一起进行。业务流程重组根本上就是优化为顾客创造价值的流程，提高企业竞争力；同时减少非增值活动，去除那些浪费、延迟、不增值的活动，实现企业资源的优化配置。另外，企业在重组业务流程时，还要结合企业战略，解决企业遇到的实际问题。

要想优化供应链管理，各企业就要积极创新组织结构，尽可能地消除各部门、各职能、各企业间的隔阂，协调管理跨界部门、跨界职能和跨界企业。具体来说，可以从以下三方面进行。

（一）企业内部重组

企业内部重组是指，对企业内部职能流程进行重组。总原则是：横向集成活动，采用团队工作方式；纵向压缩组织，推进组织扁平化，权力充分下放，推行并行工程。

在旧体制下，企业各职能存在很多中间层次，他们只执行一些非创造性工作，如统计、汇总、填表等。这些工作完全可以被计算机取代，因此中间层可以取消，做到机构不重叠、业务不重复。比如，可以把物资分层整理管理改为集中管理，取消二级仓库；财务核算只要录入原始数据即可，其他核算工作全由计算机完成，把多级核算整合为一级核算等。

计算机将取代人工，是一个不争的事实。应用计算机程序，可以省去一些不必要的业务流程，每项职能从头到尾只需一个职能管理机构即可。

（二）部门之间重组

所谓部门间的企业业务流程重组是指，在企业范围内，多个不同职能部门进行的业务流程重组。企业应根据自己在供应链中的角色，重新设计、构建业务流程，改变原有的垂直组织机构，使管理组织扁平化。

目前，比较流行的方法是：以商品品类来进行部门设计，使零售企业全面控制零售单品，使商品经营和管理更具有针对性和灵活性。如此，企业就可以快速掌握产品信息，及时对产品销售策略进行调整了。

为了对新产品开发机构实行重组，有家企业以开发某个新产品为目标，组织了一个以设计、工艺、供应、检验为主的承包组，把部门界限全部打破，实行团队管理；同时，还对作业流程进行设计、工艺、生产等管理。结果证明，这种组织结构适应性非常强，而且机动灵活。各部门人员在一起，可以平行处理很多工作，大幅度缩短了新产品的开发周期。

（三）企业间业务重组

现在，供应链上企业间信息交流量大大增加，业务过程的一致性要求企业各项工作协调一致，因此企业之间必须进行业务重组，才能实现对整个供应链的有效管理。通用汽车公司（GM）与 SATURN 轿车配件供应商保持着良好的购销协作关系，是企业间 BPR 的典型例子。

GM 采用最新的信息共享技术，把自己公司的经营活动和配件供应商的活动连接起来。具体过程是：配件供应商通过 GM 的数据库，实时掌握生产进度，及时拟定新的采购、生产和发货计划；之后，配件供应商将发货信息通过计算机传给 GM，而收货员只要扫描货物条形码确认收货后，系统就会自动把货款打给供应商。这样，零部件成了供应商 GM 的一个部门，流程简化，可以有效针对实际情况调整生产、定货周期。

零售业"暗战"供应链成本策略
——自建物流配送中心

一、京东商城自建物流配送中心

从一定意义上来说，直接决定零售业配送水平高低的，就是配送模式是否合理。只有物流配送体系更完善，才能实现"运距最短、环节最少、效率最高、费用最低"。

京东商城是我国目前最大的自营综合网络零售商，其在中国电子商务领域广受消费者好评，并具有相当影响力。在京东商城，你可以选择家居百货、服装服饰、数码通信、图书、食品、母婴用品、在线旅游等十几个大类数万个品牌的百万种优质商品。

"产品、价格、服务"是京东商城的战略核心，不仅努力为消费者提供最优商品、最低优惠，还率先推出了"全国上门取件"、"211 限时达"、"先行赔付"、"售后 100 分"等服务。此外，京东商城还优化了网络零售服务，成为引领中国电子商务诚信经营的行业标杆。不仅如此，京东商城自建的物流配送体系也是它成功的重要因素。目前，京东商城已经建立了六大物流中心，并在全国 300 多座城市建立了核心城市配送站。

不同于其他 B2C 企业，京东商城没有外包物流业务，而是自己创办了一套物流体系。当前，京东商城有两套物流配送体系：一套自建，一套与第三方合作。

从 2007 年 8 月起，京东商城先后完成三轮融资，分别获得今日资本、DST 和老虎基金的投资，金额高达 15 亿美元，京东商城在每一轮融资中都获得了蓬勃的发展动力。

2009 年初，京东商城砸重金自建物流公司，同时在北京、上海、广州、成都、武汉设立了一级物流中心，紧接着在西安、沈阳、济南、南京、杭州、福州、佛山、深圳 8 个二线城市建立二级物流中心，因为京东商城的主要顾客都在这些城市。比如，华东物流中心——上海，中心每天处理 2.5 万个订单，日极限为 5 万单。

如今，京东商城的新项目——"亚洲一号"已经投入运营。在上海嘉定 260 亩的土地上，打造出了亚洲最大的现代化 B2C 物流中心。据相关人士透露，"亚洲一号"的 SKU（Stock Keeping Unit，库存量单位）支持至少百万级的货物，可以满足京东商城未来 5～10 年的发展。

正因有如此大规模的自营物流体系做后盾，京东商城的"211 限时送达"

服务才能在 2010 年 4 月正式推出，即每天上午 11 点前下订单，下午送达；晚上 11 点前下订单，次日上午送达。

电子商务发展到今天，物流已经成为制约电子商务持续发展的重要"瓶颈"，而在多种电子商务模式中，B2C 企业无疑是受物流配送影响最大的、京东商城最为典型的 B2C 企业，同样面临着这一问题。为了突破"瓶颈"，京东商城自建物流体系，牢牢地掌握了物流的控制权，实现了对整个供应链链条的有效控制。

自建物流体系，让京东商城保持了高速发展，不仅获得了强有力的支撑，全国配送速度也大幅提升，服务质量更是得到了有效改善。这也是京东商城差异化战略的一步！

二、零售业自建物流的必要性

目前，虽然大多数连锁超市都有自建配送中心，并已形成大而全、小而精的自营配送模式。然而，与国外同行相比，由于受到配送理念及硬件设施的种种制约，物流配送效率和水平都不高。

物流配送水平，已成为衡量现代连锁超市现代化管理水平的重要指标之一。零售企业之所以要自建物流配送中心，原因主要有以下四点：

（一）第三方物流存在弊端

据调查显示，40% 的企业对第三方物流不满意。80% 的原因在于第三方物流企业无法迅速满足顾客的需求变化并做出调整。研究分析，导致这一原因的主要因素有以下五个方面：

（1）服务能力较差。随着物流服务市场条件逐渐多样化和复杂化，企业需要的是从原材料采购到产品销售一系列供应链的集成解决方案，而不仅是优化仓储、运输的基本物流服务。可是，如今的第三方物流企业还很单一、薄弱。

（2）物流信息技术和设备较落后。如今，我国少有智能化、自动化的仓库，物流设备相对落后，仓储运输系统的整合能力比较低，信息流通阻塞，不能及时全面地了解物流服务需求，更难以有效、合理地实现控制商品物流过程。

（3）整体运作效率不高。现在，国内的第三方物流企业多是各自为政，不能有效地整合资源，更难以解决经济发展中的物流瓶颈，整体物流效率普遍不高。

（4）缺乏专业物流人才。当前，我国国内从事第三方物流运作的工作人员，多半是从传统运输业转变而来的，甚至还有一部分是农民工。第三方物流公司缺乏高素质的专业物流人才，无法实现对整个供应链的有效整合，更难以提供综合的物流业务。

（5）与顾客合作不深入。目前，虽然多数第三方物流企业可以和委托顾客企业达成长期的战略联盟关系，然而双方的整体目标仍然存在不一致，大多数第三方物流企业都无法为零售企业提供全方位的物流和供应链服务。

（二）第三方物流弊端导致业务流失

如选择现有的第三方物流企业配送，势必会使电子商务企业面临配送效率低下、物流成本高昂的问题，甚至会因终端顾客对低劣配送服务不满而使业务流失。

（三）竞争对手和其他物流公司的双重压力

现在，许多大型电子商务企业都致力于自建物流体系，如淘宝、凡客；

就连苏宁、国美等电器企业进军电子商务时，也开始自建物流。

不仅是电商同行竞争，快递行业也开始反攻，开始跨入电子商务领域。比如，2010 年中国邮政携手 TOM 集团上线"邮乐网"；2011 年 4 月中铁快运上线运行公共网络交易平台"快运商城"。

当前，国内几大民营快递公司——申通、圆通、中通、韵达和顺丰，都表达了涉足电子商务的意向，打算积极进军电子商务领域。

（四）企业自身因素

随着零售业订单量的不断增长，自建物流也渐渐成为必选项，但销售额增长奇迹和物流配送水平之间的落差，也让京东商城感到压力重重。此外，自建物流可以带来物流成本降低、顾客体验提高等效益。

三、自建物流，零售业暗战供应链成本

2011 年 7 月 11 日，在浙江嘉善，乐购自建的绿色物流中心盛大开业。物流中心可以增强集中配送系统，满足乐购在整个华东区域的 53 家大卖场、12 家便捷店的百货商品和杂货的配送。同时，该中心还会将乐购自有的品牌产品，配送到其他 4 家区域性配送中心，使产品覆盖全国门店。

随着制造成本的上涨，宝洁、联合利华等大型制造企业可以进行提价，但至于普通零售企业，贸然提高商品单价，反而会抑制消费增长。显然，零售企业的目光还得放在节约成本开支上。

面对高物价带来的冲击，零售商们可以直接采取节省成本的办法，优化供应链，提高效率，降低运营费用成本。可见，对零售业而言，自建物流配送中心，也是增加企业盈利的最直接体现。

四、自建物流，遇到的问题及对策

要提升物流水平，最直接的方法就是自建物流，即自己掌握物流体系环节。但物流系统包含的因素太多，如人、财、物、设备、信息以及任务目标等；而且，一般认知中的物流系统功能主要有存储、包装、运输、流通加工、装卸搬运、配送和物流信息等，构建起来并不容易。京东商城在自建物流体系时，就遇到了许多需要面对和解决的问题。

（一）资金流

构建庞大的物流体系，需要资金支持，只有在庞大资金的推动下，自建物流体系才不会成为无源之水。对于零售企业而言，要建立自己的物流体系，一定要利用融资等，先解决资金问题。资金是电子商务企业发展壮大的一大问题。不过目前，京东商城已经渡过了这一难关，不需要重点考虑这个问题了。

（二）物流

物流的构建主要体现在以下三个方面：

（1）仓储体系。京东商城曾表示将来会把仓储物流体系分为三级：一级为物流基地，二级为运营中心，三级为物流体系。要规划好物流基地和运营中心，仍需深入挖掘顾客和销售数据。

（2）配送体系。京东商城和沃尔玛的战略极为类似，两者都把低价作为主要竞争策略。从京东商城这两年推向的城市化配送中心战略不难看出，它是想通过建立城市化的配送中心，来获得尽可能大的辐射半径，以实现211的配送标准，提升仓储配送效率和用户体验。

这一策略既可以有效降低成本，还能在品类扩充的同时用最少的钱、最有序的流程管理供应商及其商品。并且，随着网购人群的逐年递增，京东商城还能像沃尔玛一样，继续将这种配送中心模式循环分解，不断细化，最终实现以社区代送点为主的终极服务。

（3）售后服务。售后一直都是零售业的弱点，比如，为了抢占苏宁、国美等市场，京东商城就在低价策略之下为客户提供优质的售后服务。因此，零售企业应该以全国为背景，建立一整套集采购、销售、物流配送、安装和售后于一体的系统。另外，可以与第三方合作解决售后问题，只要能为客户提供更好的售后用户体验、将服务送到家即可。

（三）信息流

企业要想实现网络化管理和规模化发展，在业务管理和发展上一定会遇到各种各样的瓶颈和难题。有效实施信息化建设，不仅有利于突破这些"瓶颈"，还能够有效贯彻落实企业的发展战略。京东商城想要在物流上领先一步，离不开信息技术的支持。

零售业的竞争优势：高绩效供应链管理

一、供应链的绩效管理概述

绩效管理作为供应链管理的基础性概念，其重要性和实践力量可以拿弗莱克斯特罗尼克斯公司的成功来说明。

弗莱克斯特罗尼克斯公司采用了绩效管理方法，不仅可以监督和确认邮政汇票的异常情况，还可以了解其根本原因和潜在选择，帮公司及时做出缩减过度成本、更换供应商、采取谈判措施等举措。

绩效管理的基本方法，就是利用网页软件系统，加速供应链绩效管理周期。公司制定了 8 个月的"实施存活期"，成功节约了几百亿美元，结果第一年就获得了巨大的投资回报。具体过程如下：

公司根据邮政汇票信息，对合同条款和被认可的卖主名单进行连续比较，识别出异常绩效。如果发现订单价格高于合同价格，或卖主不适合公司的战略性选择，系统就会提醒买方。另外，如果邮政汇票价格在合同价格以下，系统就会自动提醒货物管理人员有减少成本的机会。这一系统可以向近 300 个使用者传递邮件，给他们发送包含详细绩效信息的网页链接和异常情况总结通告。

之后，管理人员会根据这些通告，了解问题、选择方案。他们会对异常情况进行评价，并最终决定是否重新启动价格谈判。同样，采购经理还能依据通告来分析市场状况、计算费用，然后根据不同的商品和卖主，排出成本解决的优先次序。

弗莱克斯特罗尼克斯公司在创建和实施绩效系统时，不仅建立了指标和界限，还保证了数据的质量和适时性。如此，不仅可以将各种机会成本化，还能节约成本，赢得竞争优势。

与很多公司一样，弗莱克斯特罗尼克斯的第一业务规则是优化数据存储和交易流程。通过安装交易软件，快速减少冗余和错误数据。比如，通过订单获得产品和品质数据，使之与消费者账单及库存状态信息保持一致。第二业务规则是将各操作流程流程化、规范化，如采购、仓库管理、车间控制、物流等。这些都可以利用仓库管理系统等供应链实施软件来实现，分销中心会通过软件接收、选取和运送订单货物。

供应链绩效，即供应链整体运作效率。对其进行有效管理，就是对业务流程进行动态评价。通常，供应链绩效可以通过两个特性指标来衡量：一是产品性能，即从质量、成本、可靠性、订货提前期、服务等方面来评价；二是对供应链在整个过程中对突发变故的回应灵敏度做出评价。

就传统而言，控制绩效会用指标项目和平衡计分卡项目来衡量。对于前者，相关工作小组和功能性组织会建立和跟踪那些最有利于衡量绩效的指标。但不幸的是，这种方法有很大的局限性。为了克服这些局限性，许多公司采用了平衡计分卡项目。这种方法有着很强的强制性，通常作为静态管理"操作面板"来实行，却不能带来绩效改进和激发驱动行为。

事实证明，很多供应链绩效管理的基本原则，完全可以规避传统方法的缺陷；交叉性功能平衡指标是必要不充分条件。供应链绩效管理本是一个周期，包含明确问题、找出根本原因、针对问题做出正确反应、对风险数据、流程和行为做出连续确认。

定义能力非常关键！只有在定义绩效指标、定义异常条件和定义应对环境改变等能力的支撑下，供应链绩效管理系统才会产生令人满意的效果。如果发现了异常情况，就要找出根本原因，确定有效的行动路线，做出选择。对待异常绩效，正确快速地做出响应是非常必要的！但是，一旦确定响应，就要及时、无缝地实施响应行动，如此公司才能改进绩效。

在控制统计流程时，最大的挑战是确认失控的根本原因。在确认异常之前，先要确认引发异常的根本原因。当出现诊断任务时，供应链绩效管理也应以合适的角色来表示理解和诊断。如此，管理者就可以在最短的时间里重新获得相关数据，并做出相应的数据合计或分解，对数据按空间或时间进行有效分类。

二、零售业的竞争优势：高绩效供应链管理

要想获得高绩效，必须将供应链战略融入企业业务。在零售商的运作成本中，供应链要占40%～70%，占据了公司总资产的一半左右。

如今，供应链管理正向复杂化发展。无论是多样化的门店业态、拓展销售渠道、搭建全国供应链网络，还是全球供货源的转变，都需要供应链管理的不断优化。此外，随着顾客需求的不断提高，零售商要不断降低成本，为顾客提供更多的选择、更优的质量、更好的服务、更大的便利，以与竞争对手抗衡。

理解并权衡好成本、库存、缺货率三个关键维度，就可以实现卓越的零售供应链管理。把这三个因素处理好，就能实现优化供应链、提升业绩、形成竞争优势。显然，有效的供应链管理，可以给企业带来快速增长和持续获利。

对西班牙零售巨头 Zara 来讲，其业务模式的典范就是供应链。完成从"设计到上架"整个流程，Zara 只用了三个星期。这一独步世界的能力使其收益年增长率始终保持在20%。

英国食品零售商特易购（Tesco）利用持续补货机制，一天就能完成补货。如此，特易购不仅具备了扎实的生鲜食品供应基础，商品的货架缺货率也从未超过2%。

对这些零售商来说，供应链是差异化的积极战略因素，是组织竞争优势的体现。零售企业不能只考虑控制成本，还要把供应链作为业务战略中的关

键因素。

当下，供应链领导者协同业务伙伴，都在以更快的速度、更高的经济性，一同设计、开发、运输、存储和销售他们的商品，同时为这些商品附加服务。

供应链已成为企业业务价值和竞争优势的源泉，针对不同的商品特征，正不断涌现出多种供应链模型。"一种模式满足所有需求"的方法将逐渐淘汰。只有制定强大的基本规则与流程，并加入新型的、差异化的能力，才能让供应链进一步迈向卓越。如此，领先的零售商才能利用这些新能力，实现产品的差异化。

当然，改变现有供应链也是一件令人生畏的事，因为不管是深度上还是广度上，都会给企业造成巨大的冲击，其会波及企业的所有业务环节。

从"宝洁—沃尔玛模式"看零售业 如何提高供应链管理

一、宝洁—沃尔玛模式

宝洁和沃尔玛，是实践供应链的两家大公司。

20 世纪 80 年代，宝洁和沃尔玛正式开始合作之前，美国制造商和零售商几乎不会主动分享信息，双方总是绕着货架和价格你争我夺。当两家公司共同确立了供应链协同管理模式后，美国的其他零售商和供应商也将自己的关注点进行转移：如何利用供应链来降低综合运营成本？如何提高顾客满意度？

宝洁，全球头号日用品制造企业；沃尔玛，全球最大的零售业巨头。然而，强强联合也并非一帆风顺。

曾几何时，宝洁也"自我扩张欲极强"，还与沃尔玛经历了长期的"冷战"。宝洁总想争夺沃尔玛对产品的价格和条件控制权，而沃尔玛也不好惹！要么给出不再销售宝洁产品的威胁，要么把最差的货架丢给它。

可是，等双方冷静下来，很快就看到了深度合作的利益。1987 年，为了让"帮宝适"婴儿纸尿裤能在沃尔玛分店里获得更好的销售，宝洁副总裁 Ralpha Drayer 和沃尔玛老板 Sam Walton 坐到了一张桌子前。那个时刻，曾被当作协同商业流程革命的开端。

宝洁—沃尔玛模式其实挺简单。宝洁开发了一套"持续补货系统"，并安装给沃尔玛，具体形式是：利用电子数据交换和卫星通信实现两家企业的联网，借助这种信息系统，宝洁能及时获悉沃尔玛物流中心里还剩多少纸尿裤，能得知沃尔玛的门店卖出了多少、库存多少、还有多少、价格是多少……这样，宝洁不仅能及时根据实际需求来制定研发和生产计划，还能主动帮沃尔玛管理单品库存，做到连续补货，防止出现商品结构性机会成本。

对于沃尔玛而言，通过这样的合作，可以从繁重的物流作业中解放出来，专心搞经营销售；而且，从宝洁那里获得信息后，就能够及时判断进货数量、调整商品货架。此外，制造商还能通过管理库存系统自动进货，一举多得。

沃尔玛把仓库和物流中心的管理交给宝洁公司代为实施，不但能让沃尔玛从物流活动中脱身，还避免了双方企业对每笔交易进行谈判的麻烦（如价格、配送等），大大减少了商品从订货、进货、保管、分拣到补货销售整个业务流程的时间。

具体作业流程为：沃尔玛旗下每个店铺都有一个库存安全水平线，一旦现有库存量低于这条线，沃尔玛的计算机系统就会利用通信卫星自动告诉宝洁公司并向他们的工厂订货。宝洁接到订单后，会立即给各店铺送货。与之相适应的是，他们的结算系统用的也是电子基金转换系统，这种系统可以将企业之间的财务结算数字化，不需要用传统的支票等物质形式来实现，只要使用计算机加 POS 终端等电子设备就可以完成。

正如 Sam Walton 对 Ralpha Drayer 所说："我们的做事方式都太复杂了，事情应该是这样的——你自动给我送货，我按月寄给你账单，中间的谈判和讨价还价都应该去掉！"

二、宝洁与沃尔玛共守供应链管理四字箴言

两家公司的合作，不仅改变了双方的营运模式，还实现了双赢。此外，两家企业的合作理念也逐渐演变成供应链管理的四个理念。这四个理念即"CPFR"。

（一）"C"（Colaboration）——合作

两家企业不是普通的买卖合作关系，而是共同为一个目标创造利益的双赢合作关系。零售商不存货，把货物推给供货商，使供货商成本增加，那不叫合作。只有把满足顾客需求作为共同的最高目标，通力合作，才能实现零售商和供货商的双赢。当然，这种合作也必然是长期的、开放的！

要想共享信息，不仅在策略上，在营运的执行上，双方也要密切合作。首先，做好协议，为对方的信息保密；其次，制定有效的争端解决机制；再次，设定良好的营运监控方法；最后，制定完善的利润分配策略。在这个过程中，双方一定要以获取最大销售利润、缩减成本与开销为目标。

（二）"P"（Planning）——规划

日用品的零售是供应链管理的基础，起初并没有规划这一项，但因为之后其他行业的应用，于是就有了纳入规划的必要。

P是所谓的规划，两家企业合作，必然要有很多事要规划。比如，运营上有产品品牌、类别、项目等；财务上有安全存量、存货、销售、价格策略、毛利等。只有对这些问题做出具体规划，才可以更好地保证共同目标的实现。此外，双方就产品的存货、促销、上架新品、下架旧货等事项，也可以共同规划。

（三）"F"（Forcasting）——预测

即对销售的预测。对于销售的预测，双方可能有不同的看法。供货商对某类商品的预测可能更准确，而零售商对某项商品的销售情况预测得更准确，但最后必须制定出双方都同意的预测方式。

应用相关系统，可以根据原始信息，自动做出基础性预测。可是，实际预测结果会随着季节性、时尚性的变化以及促销活动、顾客的反应等发生改变。因此，只有预先制定好规则，遇到差异的时候，才可以有效研讨并解决。

（四）"R"（Re–plenishment）——补充

补充是供应链管理的重要程序，完全可以把销售预测换算成订单预测。在这个过程中，供货商的订单处理时间、待料时间、最小订货量等，都是需要考虑的。此外，货物的运送也需要双方合作实施。

零售商向供货商订货，不仅要考虑安全存量、存货比率、交货时间、预测准确度等因素，还要对这些因素进行双方评估。

为了能在遇到危机时能共同面对，在补充程序中，双方要保持一定的弹性空间。成功的补充程序是，供货商为零售商提供少量的货品供应，以细水长流的方式减少双方的库存压力。

三、从"宝洁—沃尔玛模式"谈供应链的管理

综观沃尔玛的供应链管理，主要分为以下四个方面：

（一）顾客需求管理

沃尔玛采用的是拉动式供应链管理，即把顾客需求作为驱动力，让整个供应链具备集成密度高、数据交换迅速、反应敏捷度高的特点。

零售业与消费者之间的关系是最直接的，顾客决定一切，脱离了消费者需求这一中心，企业肯定无法生存。沃尔玛深知这一点！沃尔玛创始人山姆最初就是个推销员，他明白顾客真正需要什么，所以从最初在小镇经营杂货店起，直到后来经营折扣百货公司，山姆始终坚持低价位、标准化服务，并坚持将乡村小镇作为基地。

（二）供应商和合作伙伴管理

企业价值链的形成少不了供应商的参与，其对企业的经营效益的影响举足轻重。要想做好供应链管理，重点就是要建立战略性合作伙伴关系；关键就是要同供应链上下游的企业实现无缝对接和合作。

7－11 是日本著名的便利店，良好的战略联盟是该便利店成功的极大因素。

7－11 对自己的定义是"便利性连锁超市"。为了满足超市附近部分工作人员对一日三餐的需求，7－11 专门物色并选择了一些合适的蔬菜与便当制造商，每天到了饭点，超市就能收到供应商提供的盒饭。此举不仅为超市成

功增加了一部分客源，还赢得了相对稳定的消费群体。而这些消费群体在进店购买便当的同时，经常会顺便购买一些香烟、饮料、杂志之类的，便利店的日销售额大幅提高。同时，7－11便利店还联合其他零售品类企业，在甜点、冷饮等方面也建立了战略联盟。

不仅如此，7－11便利店还与很多国际知名连锁超市开展了大规模合作，一起研发新产品，利用彼此在不同领域的优势，实现了优势互补。

可见，转型中的零售业，如果能与供应链上下游的相关企业结成联盟，建立牢固的合作伙伴关系，就可以充分利用企业间的优质资源，在现有的基础上收获最好的利益，真正实现效益最大化。但是，有一点值得注意，建立企业供应链合作关系的过程很复杂。连沃尔玛与供应商建立合作伙伴关系时，也经历了一个漫长而艰难的过程。

（三）物流配送系统管理

如何才能使商品配送更有效？怎样做才能在保持一定服务水平的同时，降低库存成本？这些都是零售企业必须认真考虑的重大问题。正处于转型期的零售业，一定要根据自身规模和经济实力，选择适当的时机，进行物流系统改进。

沃尔玛成立之初，因为地处偏僻小镇，专业分销商都不愿意为它的分店送货，各分店只能自己向制造商订货，再联系货车送货，效率可想而知。但就在这种情况下，以"勤俭节约"著称的山姆，为了让公司提高成本效率、获得可靠的供货保证，做出了投资自建配送组织的决定。

1970年，沃尔玛建立了第一家配送中心，占地6000平方米，承担4个州、32家商场的送货任务，公司所销商品的40%都在这里集中处理。

随着公司的发展壮大，配送中心数量也不断增加。现在，沃尔玛已经拥有 20 多家配送中心，为 18 个州的 2500 多家商场提供送货服务，配送中心平均占地面积达 10 万平方米。全公司的年销售额高达 1300 多亿美元，85% 的商品都是由沃尔玛配送中心供应的。反观其竞争对手，采用商品集中配送方式的只占 50% ~ 65% 。

而且，配送中心实现了完全自动化。每种商品都配有条码，被十几公里长的传送带传送至指定位置，再由激光扫描器进行统计，最终储存位置及运送情况全由电脑实时追踪。

（四）供应链交互信息管理

供应链管理少不了信息沟通的参与，只有掌握了零售商传来的信息，才能安排好生产数量、种类和时机。物流部门也要通过获取相关信息，才能合理安排路线、统筹计划，以期用最低的成本、最短的时间和距离完成配送。

实现供应链管理要以信息共享为基础。供应链的协调运行，必须依靠节点主体间高质量的信息传递与共享。所以，信息技术的可靠支持，会让供应链管理更有效。

沃尔玛投资最多的，除了配送中心外，就是电子信息通信系统。全美最大的民用系统，当属沃尔玛的这套系统，甚至连电信业巨头——美国电报电话公司都望尘莫及。

沃尔玛是世界上第一家发射并使用自有通信卫星的零售企业。其信息中心总部占地 1.2 万平方米，建在本顿威尔，这里装满了电脑，仅服务器就超过 200 个。

20 世纪 80 年代初，沃尔玛就通过使用商品条码和电子扫描器，实现了自动控制存货。这一举动有效地代替了大量手工劳动，在缩短顾客结账时间的同时，更方便对商品情况进行跟踪；不仅能帮企业掌握商品从进货、库存、配货、上架到售出的全过程，还能及时了解商品的运行和销售信息，加快商品流转速度。

到 20 世纪 90 年代初，沃尔玛已经投了 7 亿美元的巨款在电脑和卫星通信系统上。1990 年，沃尔玛成为全美最大的 EDI 技术用户，并实现了与 1800 家供应商的电子数据交换。

得产业链者得天下：中国零售业 O2O 全渠道发展的五个阶段

一、零售业 O2O 全渠道发展

2014～2015 年，O2O（Online To Offline，线上到线下）已成为从互联网到实体商业甚至整个社会都追捧的热门词汇。尤其 2014 年 O2O 红透半边天，引得无数企业蜂拥而上。

与此同时，作为传统行业，中国零售业则遭受了互联网和电商的冲击。很多零售企业纷纷试水 O2O 全渠道，成为走在前沿的探索者，但大多数都铩羽而归。到 2015 年底，即使有人走通了全渠道，却依然没有一桩成功案例。不过，不管零售业未来发展线上电子商务，还是线下实体，O2O 都是一种必然趋势。

O2O 概念最早源于美国，是指线下商务组织结合互联网，把互联网作为线下交易的前台。首次提出 O2O 概念的是亚历克斯·兰佩尔，2010 年 8 月他将相关理论公布在了全球著名的美国科技类博客网站上，核心提示有三点：做O2O，关键要从网上找到消费者，然后把他们引导至线下商店。这种模式将在线支付和线下客流有效地结合在一起，不仅为消费者带来了新发现，还实现了线下购买。

O2O应用非常广泛，只要产业链涉及线上和线下两个方面，就可称为O2O。不过，在O2O被迅速抬高的风口，随着其他新兴概念的兴起、资本寒冬的到来、无效需求的产生，也让O2O迅速遭遇"早衰"，坊间流传的"O2O死亡名单"一直持续更新。

从2013年开始，经历过B2C电商试水后的中国实体零售业，也从O2O模式中发现了互联网的转型机遇，借助发展迅速的移动互联网，无论何时、何地，零售业都可以满足消费者的消费需求，通过整合实体、电子商务和移动电子商务等多个"触点"渠道，实现商品的销售和服务，令消费者获得同样的购物体验。全渠道零售是O2O定义的另一种模式。

O2O模式的本质，就是让消费者和商品之间可以更快捷地相互发现，不仅充分利用了线上海量消息和无界边缘，还充分挖掘了线下资源。其重要特征是场景化消费，要想使顾客与所处环境紧密相连，互联网服务也必须符合消费者所处的场景。因此，O2O绝不仅是一个单向过程，而是一种融合渗透的过程，直观地讲，即①把线下顾客带到线上实现销售，线上平台的资源入口就是线下门店；②必须在线下完成的消费可以通过线上引流实现。在这一过程中，企业就要从战略层面根本性地改变思想观念和思维方式，实现局面的创新突破。

全渠道转型并不是多渠道开发，需要深层次融合线上线下。在漫长的发展之路上，全渠道转型会面临很多挑战，如核心模式、转型思路、顾客体验、运营经验等。互联网改变的只是商业形态，零售业的本质并没有改变，在零售的整个环节中，信息流、商品流、现金流的流通等依然是基本因素。

O2O 的主要任务就是打造一个完整的商业闭环。其中，信息流主要在营销环节，包括营销活动、会员体系、品牌体系和价格体系；商品流则包括商品的库存物流、展示呈现、二维码布点等；现金流主要包括流程设计、硬件软件设置、无线支付场景等……要想真正实现全渠道布局，就要全面打通零售的信息环节、商品环节和支付环节，统一整合全业务渠道。

二、中国零售业 O2O 全渠道发展的五个阶段

中国商报研究院根据中国连锁经营协会的《2014 中国连锁百强企业样本》同时对中国实体零售业的全渠道转型进展实施走访调研，结果发现，短短两三年内，国内多数实体连锁百强零售企业，对待互联网转型、全渠道转型的态度经历了以下五个发展阶段。

第一阶段：偶发萌芽期（2004～2010 年）。

2010 年以前，涉足电商的实体零售商很少，中国连锁百强企业中仅有 5 家涉足电商领域，其中包括从 2004 年开始接触电商的利群百货和华润万家以及 2005 年的迪信通。

第二阶段：初步试水期（2010～2012 年）。

2010 年，第一波"触网"潮在传统零售企业掀起。当时，以苏宁电器、天虹商场、银泰百货、石家庄北国人百、深圳美宜佳便利店等为代表的百货实体公司，率先杀入电商。

2010～2012 年，随着苏宁、天虹、银泰等百货零售公司率先涉足互联网，共有 23 家零售连锁企业接触电商。随后，国美电器、新世界百货、麦德

龙、徽商集团、合肥百货、宏图三胞、人人乐、永旺（中国）、乐语通讯、广州友谊集团等都在 2011 年进军互联网电商。2012 年，又有新华都、欧尚、百盛百货、中石化易捷、长春欧亚、农工商超市、长沙通程控股、江苏常克隆等一大批企业进军电商。

不过，在这两年，很多零售企业仍认为 O2O 只是一个务虚的概念。当然，除了苏宁电器把自身全部业务互联网化、电商化，以价格战、口水战、营销战等一系列策略全身心投入电商激战中外，其他传统零售企业在一波蜂拥热潮之后，逐渐沦落为线上的"无名小辈"。

数不清的传统零售商在不到两年时间里，不得不丢盔卸甲、无功而返，流量销售都是一片惨淡，可有可无。

第三阶段：集中爆发期（2013～2014 年）。

2013 年，众多实体零售企业掀起"触网"高峰，中国连锁百强中约有 30% 的实体零售商跳入互联网电商的大海：永辉超市、联华超市、步步高集团、武商集团、王府井百货、文峰大世界连锁、华联商厦、广百股份、青岛利客来集团、阜阳华联集团、全家便利店 11 家不同业态的实体零售企业相继"入网"，共同谱写了实体零售转型的历史。

2014 年，随着互联网的铺天盖地和消费群的不断转移，传统零售业再次将 O2O 线上线下全渠道融合转型作为集体动作加速进行，"O2O 发力元年"是对 2014 年中国零售业的最好标注。2014 年，大润发、百联集团、大商集团、重庆商社、信誉楼百货、五星电器、山东商业集团、山东新星集团、新一佳超市、武汉中商集团等都建立了电商网站。

不过，2014 年，实体零售业仍然徘徊在对 O2O 的技术逻辑的产品化、场景化上，商品和服务的创新鲜少见到。至 2014 年 3 月，已有 74% 的中国连锁百强企业涉足或自建了电子商务网站，开始探索O2O全渠道；能看到明显效果的只有16.8%，有40.49%的连锁企业效果不明显；还有42.71%的连锁企业只表示了关注和意向，还没有开展。

第四阶段：战略迭代期（2014～2015年）。

2014～2015年，少数领先者在早期摸索中，渐渐找到了全渠道发展的方向，也逐渐认识到了线下为主、线上为辅、线上为线下服务的零售业O2O的本质；并围绕此战略迅速更迭O2O布局，线上线下全渠道融合的推进持续而深入，也有了越来越明晰的战略方向。同时，随着BAT开始渗透线下业务，线上线下的交叉融合已经初见端倪，业务合作最终还是向资本渗透发展。

2015年，零售业互联网实践真正落地。不论是纯电商企业阿里巴巴、京东、百度，还是实体零售企业，都投入了双线发展的战线。虽然各大企业采用的电商战略不尽相同，但在某些个性化的特点上，又殊途同归。

2015年，沃尔玛、家乐福、超市发、万达百货、屈臣氏、首商集团、山东家家悦、邯郸阳光百货、成都红旗连锁、十堰市新合作超市等的电商网站都在9月前上线。

在2015年，虽然有大量O2O项目死亡，但零售业O2O仍然方兴未艾，真正从概念落地，并且在全业态、全品类的发展趋势下，渐次出现了以移动端布局为热点、以跨境电商为风口的特点；另外，电商巨头也紧锣密鼓地与线下企业联姻，线上线下的资本融合取得重大突破。

2015年8月7日，京东以43亿元公开入股永辉超市；8月10日，阿里巴巴用280亿元购买了苏宁云商的非公开股票，成为苏宁云商的第二大股东，持股比例为发行后总股本的19.99%。线上线下的O2O全渠道融合，已经从单纯的业务合作向资本融合层面推进。

第五阶段：效果初显期（2016～2017 年）。

2016 年是 O2O 走通的关键年！在 2010 年第一批开始转型的实体零售企业，在 2015 年年底到 2016 年，进入转型成果的批量收获期，线上业务骤增；线上和线下的融合，也产生了爆发性的增长。

2015 年 10 月，苏宁云商宣布对外开放 CPU 能力，其中包括供应链、物流、服务。而在此前，苏宁云商已经改换自营电商的发展道路，变道到 BAT，结交阿里巴巴和万达为战略级盟友，一起征战 O2O。

事实证明，这一举措对于苏宁云商的发展确实是有效的！从苏宁云商 2015 年的三季报看，各项指标都呈现出增长态势。其中，同期营业收入为 935.70 亿元，同比增长 17.44%；线上商品交易总额为 313.40 亿元，同比增长 80.63%，上市公司的股东净利润同比增长 105.09%，线上商品交易增长规模达 81% 以上，累计拥有 2.14 亿的零售会员，有 4500 万的活跃会员，商品 SKU 数量增至 1500 万，超过 58% 的订单来自移动端。

此外，截至 10 月 29 日，其他零售业上市公司已披露的三季报中，净利润有 60% 的下滑。面对经济增速放缓以及电商渠道的冲击，零售行业整体仍未出现好转。新华都、人人乐、中百集团、成商集团、南宁百货、武汉中商等企业，净利润同比均下滑 50% 以上；一些较早实行门店调整、涉足电商、谋求转型的零售上市企业业绩则开始增长，初显转型成效。

反观美国零售市场，像诺德斯特龙百货、梅西百货这样的企业，都已经成功布局全渠道领域。比如，诺德斯特龙百货，虽然粉丝多达 100 万，但也可以轻松地在网上购物。客户只要通过手机端"扫码购物"，就可以开启网购自取服务。梅西百货推出的移动端图像搜索功能，使 30 万名粉丝实现了在社交网站 Instagram 上直接购物。

第五章 全零售生态之零售门店"互联网+"小生态

——摆脱困境,找到爆点

连锁门店在经营中面临的问题和症结

一、零售业的连锁经营

连锁经营,是经营制度和商业组织形式的集合体,创业者在发展时所遇到的机遇和财富都来自这里。简单来说,连锁经营就是,经营一种商品或服务的多家门店,采用某种纽带,以一定的规则、形式,把它们组成一个联合体,然后整体规划、专业分工,统一实施集中化管理和标准化运作,达到规模化经营、实现规模效益。

这里有个关于连锁经营的典型案例:

1959 年,法国家乐福集团成立,首创了大卖场业态,成了欧洲第一、世界第二大的跨国零售连锁集团。如今，家乐福在全球 30 个国家和地区开展业务，同时拥有 11000 多家营运零售单位，自有大型超市、普通超市、折扣店、便利店等多种业态。

既然有这么多下线门店，其连锁店的选址必然至关重要。家乐福的英文为"Carrefour"，在法语里的意思是"十字路口"，而家乐福也是这样选址的。家乐福的多数连锁店，都被开在商业区的十字路口处。因为商业网点密集、购物人流密集，能迅速吸引整个市区的消费者，包括各阶层。而这也正是家乐福的目的：在消费密集地开发和经营，设施齐全，交通便利，可以节省大量开销。

通过不断的努力，家乐福让每个连锁店都尽可能地为顾客提供一站式购物，并且把这种服务变成一种普遍的消费方式。事实上，随着连锁店的不断扩充，消费者也逐渐认可了这种方式。

不同的地理位置决定了门店的营业面积，但大多数家乐福门店都有 6000 平方米左右，分上下两层，商品种类达 8400 之多，从家用电器到零食、杂货，大多数生活必需品都能在此买到，方便顾客的同时，也增加了门店的效益。

为了对连锁店实行统一管理，自成立以来，家乐福一直采用直营连锁的形式。它虽是一家跨国经营的连锁集团，但整体商品价格要低于同行。之所以能够做到这一点，主要就在于，其拥有全国性的加工、配送网络以及规模超大的销售系统，同时拥有一支经验丰富的专家队伍。再加上现代化的统一管理、统一核算的经营方式，自然就会有效降低经营成本，使商品价格更具竞争力。

连锁经营，是零售业"现代流通革命"的一大标志，已经在发达国家获得了普遍成功。从 20 世纪 80 年代开始，连锁经营的数量发展迅猛，并且已经从零售、餐饮、服务业向各行业渗透，逐渐趋向国际化。我国的现代零售业连锁经营，经历了从无到有、从小到大的成长，已经逐步壮大起来。就目前各地的发展实践而言，连锁经营的强大生命力和发展潜力毋庸置疑。

当前，我国的零售业态，主要以百货和超市为主，同时包含其他业态的共同发展，层次、形式、功能多样，形成了能满足不同消费群体需求的零售经营体系，具体类型主要有以下四种：

（1）大型连锁超市。这些超市以配送中心为基础，向周边超市辐射，通过配送中心的辐射力度，联结超市，形成了巨大的区域化经营网络。

（2）规模化的购物中心。这些购物中心以大型超市为核心，在城乡结合部或高速公路边连接了众多的专卖店。

（3）大型综合性商场。这类综合商场，以百货商店为主，集餐饮、娱乐、住宿等为一体。通常在一、二线大中城市，这种零售业态较多。

（4）零售销售网络。主要由中小型超市、便民店、折扣店和专卖店等连接而成。

二、零售业的连锁经营面临的问题和对策

我国连锁经营在快速发展的同时，也暴露出很多制约发展的问题，如果不能及时解决这些问题，连锁经营的发展势必会受到影响。

（一）我国零售业连锁经营面临的问题

我国零售业连锁经营主要面临的问题有这样七个：

（1）区域布局不合理——地理分布严重失衡。我国经济呈现出一定的东西部差异和城乡差异，使得我国零售业布局非常不均衡。改革开放初期，国

家过于偏重发展东部地区，政府大力支持的东部沿海地区，零售业的发展自然远快于西部内陆地区。

（2）规模优势较薄弱，市场集中度低。连锁经营的优势一般体现在规模化经营上，但我国的连锁企业规模普遍不大，对扩大销售规模十分不利。而且，市场集中度明显偏低，也是我国连锁企业的一大弊端。

（3）缺乏经营规范，连而不锁。"统一进货、统一配送、统一价格、统一核算、统一管理"是连锁经营的基本要求，但事实上，我国连锁企业在运营时并没有遵循这一原则。许多加盟店掌握着独立的进货权，虽然部分门店实行总部配货制，但实行起来却是少配多购。

在中国，"千店千面"已经成为普遍现象，有些店面名字相同，但细看却又不一样。这种"连而不锁"必然会损害连锁企业形象和信誉，影响连锁企业的整体发展。

（4）技术落后，管理效率低。先进的管理技术是发展连锁经营的关键，管理手段的落后，是我国连锁经营发展的一大制约因素。如今，我国多数连锁店依然采用电子收款机，没有建立起良好的实时商品管理系统。很多连锁企业目前还在用书面报表、电话和传真传达信息，在管理技术方面有很大的提升空间。可是，早在1983年沃尔玛就砸下7亿美元，自建了全美国第一也是最大的私人卫星通信系统，将决策传达和信息反馈的速度提高了多倍，使整个公司的运作效率提升了一大截。

（5）物流质量普遍偏低。成本竞争优势是连锁经营的核心优势，而要想降低成本，多数时候要依靠物流渠道的质量，需要经历一套低成本、高效率、具有适时性的物流配送体系。

事实证明，只有建立高效的配送系统，连锁企业才能有效提高经营效率、降低流通成本。目前，我国多数连锁企业还没有设置相应的配送中心，即使自建配送中心，自动化水平也相当低，至于和供应商联网方面，更是处于空白。

（6）市场定位不明确，产业内竞争激烈。准确的市场定位、清晰的经营理念，是很多国际零售巨头成功的秘诀。

沃尔玛的经营理念是：低价销售，保证满意。

家乐福的经营理念是：一站式服务，超低售价，货品新鲜，免费停车。

麦德龙的市场定位是：有限顾客战略，现运自付制方式。

这些都是很好的证明！

然而，多数连锁企业市场定位过于单一，经营缺乏特色，导致市场格局千篇一律，为了制胜竞争对手，价格战不可避免。可是，价格竞争是一种低水平的营销策略，只能让消费者越来越食之无味，在面对沃尔玛、家乐福这些零售巨头时，与之抗衡从何谈起？

（7）资源制约。这里的资源，主要包括两方面内容，如表5－1所示。

表5－1　资源的主要内容及说明

内容	说明
人力资源匮乏	要想做好连锁经营，就要聚集大量的合格的专业人才。而且，即使是普通员工，也要达到一定的素质要求。但从目前发展来看，我国连锁经营企业还处于成长阶段，人才储备明显匮乏，企业发展受到严重制约
经营资金不足	由于我国各地区对营业面积、经营品种等方面的要求，连锁经营企业的业态规模受到限制。连锁业要想不断发展，只能通过借贷或租赁的方式来满足要求，这就为企业带来了不小的资金压力

（二）中国零售业连锁经营的发展对策

要想获得发展，各企业就要结合实际问题，借鉴国内外同行发展的成功经验，根据自身特点采取有针对性的措施。

（1）规范发展连锁店。规范化对连锁店的生存与发展起着重要作用。我国连锁企业在扩张时，没有可参考的成熟法律和行规，总部、配送中心和分店之间矛盾频发；通过特许连锁形成的连锁企业，特许人和特许经营人之间，更会经常出现矛盾，因此，连锁企业效率极为低下，严重影响了扩张速度。

（2）提高经营管理水平。规模是连锁经营的优势所在，可是如果在连锁经营发展时，只重规模不重管理，不仅无法将这种优势发挥出来，还会因为盲目扩张而拖垮企业。曾经的美国零售巨头凯马特和日本大荣公司就是很好的例子。因此，发展连锁经营时，切不可不顾自身能力盲目扩张，提高经营管理水平才是上策。

（3）建立高效的物流配送系统。物流配送系统的高效运作，是连锁经营成功的关键！

从20世纪70年代起，沃尔玛就开始自建配送中心，并结合最先进的物流技术，把配送成本压缩到销售额的3%以下，而其他竞争对手的物流成本高达4.5%～5%，这说明沃尔玛每年可以节省1.5%以上的配送费用。同时，沃尔玛的信息和货物在供应链中可以始终高速流动，使得整个供应链效率飞快。

在国内，国美也建立了自己的物流系统，同样为企业带来了收益。

国美门店开在哪儿，其物流中心就会建在哪儿。而且，每个连锁销售门店里都会摆放样机，不会设置货物储存。采用统一配送的方式，让门店的资金周转率提高了1倍。

（4）完善企业员工培训体系。连锁经营企业最大的经营成本是"人"。只要拥有一支高素质的员工团队，就可以大幅度降低成本花销，提高企业的核心竞争力。

　　连锁企业需要的不仅是优秀售货员，为企业树立良好形象；还需要服务技巧熟练、服务技术纯熟的员工群体，如此员工才能树立起以顾客为中心的观念，自觉进入服务顾客的过程中。因此，加快建立和完善员工培训体系，创造更有利的员工发展机会，留住高素质人才，对连锁企业而言，具有举足轻重的意义。

积极借助互联网新媒体，进行品牌传播

一、李维斯玩转新媒体营销

　　李维斯作为曾经的潮流牛仔时尚品牌，一度成为青少年购买牛仔裤的首选，但李维斯在中国也曾一度低迷。可是，后来新媒体营销给李维斯带来了新的发展思路，并借此打了一个漂亮的翻身仗。

　　从消费者穿着自己品牌牛仔裤时所发生的上百万个故事中产生灵感，在2014年7月，李维斯在全球范围内推出了"Live in Levi's® "活动。活动涉及全球范围内的电视、电影院、数字和社交平台、平面媒体、手机媒体以及店内体验，将虚拟活动与现实生活相结合，深入接触消费者，并激发出了他们的参与性。

　　为了表现自己的品牌特性，李斯特在世界各地取景，对不同阶层的品牌消费者进行了不同场景下的视频拍摄；为了彰显产品特性，还配合了跑步、跳跃、翻滚等一系列动作。

此外，消费者还可以在李维斯的平台上分享故事，比如，自己和品牌之间的故事，自己眼中"活出趣"的故事。为了提高消费者的主动性，李维斯特意邀请了多位时尚界达人、编辑、潮人、歌手、摄影师等，来讲述自己心中"活出趣"的故事。

当然，除了新媒体，传统媒体上也布满了李维斯的广告。线下门店积极推广，使得整个活动传播得更远。只不过，包括活动主题、后期传播以及故事的征集，都具有明显的新媒体传播特性——重视消费者的参与感！

（一）以视频为主题

传统形式上的广告片都是品牌自己讲故事，多以产品故事为主，基调也往往围绕品牌的历史、品质、创新能力等展开。这样的广告看起来就会高端、大气、上档次，但实际传播起来，却很难引起消费者的情感共鸣。

李维斯的"活出趣"活动，既没有刻板地做品牌说教，也没有刻意地做产品说明，而是通过消费者的视角，把全世界不同群体、不同场合、同样穿李维斯产品的人聚集在镜头前，让消费者自己将品牌和产品的特性主动呈现出来。如此，消费者就会觉得，自己是活动的创造者和推动者，奔跑、跳跃也是自己的日常活动。

（二）利用意见领袖的影响

为了推动活动的开展，李维斯没有选择大陆地区的歌手、明星，而是选择了时尚达人、编辑、潮人等意见领袖，因为他们知道，这些人的说服力更强！

（三）传统渠道的辅助

虽然此次活动的主力是新媒体，但全世界范围内的门店宣传作用也不容小觑。在一些传统媒体投放广告，让活动的影响范围最大限度地扩张开来。

说到底，李维斯利用的新媒体手段，就是互联网思维，即借助自己的已有资源，引导更多消费者参与互动活动，从而形成一个良性闭环。

当市场经济不发达的时候，零售业想要宣传品牌和产品，最好的途径就是"口碑"，但在科技日新月异的今天，经济已呈全球化、信息化状态飞速发展，单靠"口碑"已经无法满足和适应企业的生存和发展要求。在新媒体时代，要想传播品牌，就要依靠各种传播手段！

二、新媒体的种类及特点

随着信息科技的飞速发展，许多品牌形象都焕然一新，比如，可口可乐摆脱了固有平面，消费者可以轻松愉悦地触摸广告，使品牌形象更加生动。这些新的品牌变化，都给我们指出了一个关键的新词汇——新媒体。一般说来，新媒体主要有以下八种形式：

（一）IPTV

IPTV，即交互网络电视，是通过互联网，尤其是通过宽带互联网来在线传播视频节目。IPTV不仅充分利用了传统的节目输出优势，还利用网络的交互传播优势，其发展给传统电视传播方式带来了一种革新式的改变。

IPTV的重要特征之一就是互动！通过IPTV，用户不只是被动地接收信息，还可以根据个人需求，选择性地整理节目内容。

（二）移动电视

移动电视作为一种新兴媒体，移动性强，反应迅速、覆盖面广，除了具有媒体宣传和欣赏的功能外，还可以发布城市应急信息，其发展迅速令人们始料未及。

移动电视利用了受众在等电梯、等车、乘车时无法拒绝的特点，强制性占据了短暂的无聊空间，成功俘获了消费者。对于某些预设内容来说，用这种方式传播效果会更好。

（三）博客

博客网站的最大效用，就是能使广告拥有更强的展现力和更高的点击率。博客人群虽然相对复杂，但"圈子文化"是其特点，可以让广告商产生多方效应。

（四）搜索引擎

这种新兴的网络广告形式，可以精准有效地直接命中目标受众。利用搜索引擎推广品牌，是一种不错的主动营销，可以自主地发掘潜在顾客，比较容易达成交易。

（五）播客

播客很好地实现了从文字到视频的传播转化，不仅加入娱乐成分，还很好地满足了受众表达自我、张扬个性的需求，更进一步加强了媒介的汇流与互动。

（六）户外广告

路牌、灯箱、售货亭、报刊亭、机场侧、地铁车厢、公交车媒体……这些统统算户外广告，它们的共同特征就是：用大幅图片和文字吸引人群注意。因此，只有曝光率高的广告，才能吸引受众视线，才能真正达到宣传、促销目的。

（七）海报 DM

DM 广告的应用范围十分广泛，无论是宣传单页、海报，还是企业宣传手册、终端 POP，都可以被看作广义的 DM——快讯商品广告。为了实现促销目的，在 DM 上，不仅要直接描述商品属性，还要直观标示商品的价格，刺激消费者购买。

（八）手机媒体

智能手机不仅是人们的沟通工具，还是一种新媒体载体，相较于其他媒体，移动性和便携性是其最大的特点。不管在任何角落，只要发射无线电波，手机的拥有者随时随地都可以接收到来自四面八方的信息。

三、新媒体呼唤新营销的到来

新媒体营销开创的不只是一种全新的营销模式，它更重要的价值在于，精准地圈定了一批特定消费群，而企业最希望实现的就是这种精准化营销。

2014 年春，奥利奥把微信创意相机当作平台，推出了名为"亲子一刻，玩起来"的整合营销活动。在整个活动中，对品牌进行了植入品牌，打通了整个微信生态圈，并依靠强大的平台效应，有力地推动了销售，为我们展现了一出别出心裁的跨界商业合作方式。

奥利奥与创意相机的合作，通过植入"亲子表情"产生互动体验，有效地传达了品牌诉求：不仅鼓励父母多陪伴孩子，还要让父母放下生活的负担，拾回童真，和孩子一起玩起来。只要使用创意相机，参与者就可以将自己与孩子的互动瞬间记录下来；还可以制作成真人动态表情，将创意相机与微信朋友圈自然联通，将亲子互动的快乐传播出去。

同时，奥利奥还借助亲子表情的推广拉动了销售。不仅以"亲子表情"为设计主题推出了新包装及店内促销，还通过包装内的 Pincode，给消费者提供解锁创意相机里更多动态亲子表情功能，直接增加了产品销量。

奥利奥借助微信强大的入口效应，配以销售促进，以全新的商业合作模式取得卓著成效：短短 2 周内，借助创意相机制作的奥利奥亲子表情将近 1700 万个，都通过社交媒体进行了分享；奥利奥的全网销量提高了 5 倍，其品牌名称在谷歌、百度等主流搜索引擎上的搜索量也提高了 3 倍。

2014 年，新浪微博看似衰微，仍然在新媒体营销领域占有一席之地。而此时，豆瓣、人人、QQ 空间等已经强势崛起，微信作为后起之秀，瞬间成为新媒体营销的宠儿，其移动端的强势地位已经无人能撼动。从营销 1.0 时代的以产品为中心，到以顾客为中心的 2.0 时代，再到如今以价值为中心的营销 3.0 时代，社会化媒体已然形成多极化格局。

但值得注意的是，在新媒体时代品牌传播不能专挑人多的地方去，品牌应该有适合自己的定位和营销目标，只有选择合适的媒体形式，才能获得最大收效。那么，具体来说，在新媒体形势下，该怎样塑造品牌呢？

（一）精准化定位，让品牌直接和目标受众对话

要做到品牌与受众直接对话，就要为品牌寻找核心的消费群体，并依据他们感兴趣的话题和媒体方式，将品牌传播与关注的信息热点结合起来。

比如，为了回归到口碑营销模式，AMD 通过博客开展营销，强调互动性传播，强调由小众影响向大众传播推进，让传播的效应从单纯的数字成功（PV 数、点击率）转变为传播质量的提升，从而使品牌传播对消费者的影响力范围最大化。

（二）体验式营销，让品牌成为受众的生活内容

传统媒体最大的优势就是覆盖面广，只要不断地在消费者意识范围内重复出现品牌或产品广告，就能使品牌形象潜移默化地影响消费者心理，进而提升品牌知名度，增加产品销量。利用新媒体方式，并结合体验式营销的传播手段，为消费者和品牌系上亲密接触式的情感纽带，就可以利用有限的投入，获取快速而有效的传播收益，品牌形象也会顽强地植入消费者的内心。

（三）植入式传播，让消费者主动参与品牌传播

如今，人们已经对铺天盖地的广告感到烦透了：电视剧间隙、手机短信、楼梯间、地铁里、报纸上……广告强行渗入人们的生活，消费者却越来越本能地抵触广告。信息量已经过于饱和，运用新媒体的方法不仅不合理，还可能让消费者对你的品牌产生腻烦心理。这样，即使付出很大的代价，也无法取得理想的结果，甚至还会让消费者讨厌你的品牌。

其实，只要巧妙利用产品或品牌元素，与新的传播模式相互弥补、渗透，将其植入消费者的关注热点，催动消费者自觉参与品牌传播，就会让你的产品和品牌在不知不觉中得到认同。

多种经营，提升爆品销量，降低供应链成本

"电商直营旗舰店＋联营平台＋网络经销商"是目前商家做电商的最好布局。旗舰店负责传达品牌信息、做产品展示和用户体验；联营平台和网络

经销商则负责在旗舰店的光环下进行产品销售。零售企业的经营者完全可以根据自身情况，选择适合自己的销售店铺类型，如在天猫、京东、饿了么、微信商上建立一个销售平台。

采用多种经营方式，不仅可以加快产品的动销，实现对某几款产品的爆发式销售；还能有效提高生产商在单品供应链上的生产效能，减少原料成本及损耗；另外，聚焦式销售也更容易获得成功！

一、爆品是互联网时代的通行证

什么是爆品？简单讲，就是单品绝杀，一款产品打天下！如苹果、小米、特斯拉等新型互联网公司采用的就是这种方式。比如苹果，单说手机，一年的出货量就有 2 亿多部。从第一代 iPhone 发布到 2016 年 3 月 26 日，苹果已经卖了近 10 亿部手机，绕地球好几圈都没问题。小米、特斯拉也是如此，几乎每款产品都能引爆市场。

传统企业里也有成功打造出爆品的。比如，六个核桃和加多宝。仅用了几年时间，六个核桃就从 0 卖到了 100 多亿；而加多宝则将一罐凉茶做到了几百亿，直接叫板"两乐"的地位。只不过，这样的例子在传统企业里出现得较少。

多数传统企业走的是产品矩阵战略或多品牌战略，即通过搭配不同的利润产品、流量产品，来实现消费需求的满足。宝洁就是最典型的例子。宝洁旗下共有 300 多个品牌，而像六个核桃、加多宝等用单品打天下的做法，在过去是传统企业想都不敢想的，因为消费群体分散于传统渠道的各个地方，单品受众太窄，无法给企业发展提供支持，必须广种薄收，大网捕鱼。

在移动互联网时代，信息传递更快、更精准，长尾效应日益凸显。尤其是像中国这样的多人口国家，任何小众产品都能借助长尾效应，在聚集大量需求基础上，单品打天下。

在长尾效应的作用下，爆品战略不仅成为可能，更可以作为互联网时代商业的通行证。企业如果没有爆品，在互联网环境下，生存将更为艰难。而信息透明化则是其主要原因。

在互联网上，谁好谁坏，第一品牌是谁，都一目了然。因此，优胜品牌能获取更多流量，甚至形成垄断。在线下，劣势品牌还可能因为渠道局限和信息不畅而获得一丝生机，但在互联网环境下，这绝不可能！只要第一品牌将流量集中在手，后面所有的品牌都必须聚集到一起才能与之相当，这就是"赢者通吃"法则，不能成为第一，就难以存活！

所以，互联网时代的新生存法则就是：集中所有资源打造爆品，抢占第一！

二、爆品战略生存法则

有人问：这样做，岂不是自寻死路？要提高性能就要抬升成本，可价格不升反降，本钱怎么保证？掌握下面这两招，就能兜得住：

第一招：去除中间环节，减少流通成本。

传统企业没法完全复制互联网模式的根本原因，就是两者根本就不在同一个商业维度上。传统企业处于低维度，只有经过中间商的层层分销，才能将产品最终送到消费者手中。线下渠道网络是传统企业生存的必需和根本，简单地套用互联网思维，盲目去除中间环节，会面临更大的风险。

而生存在高维度的互联网企业，即使没有层层线下渠道网络，只要利用平台，就可以直接销售产品。因为不存在这些中间环节，产品的流通成本就大为减少，所以他们才有胆接近成本定价，这也是互联网企业带来的最大颠覆。

第二招：羊毛出在猪身上，让狗来埋单。

雷军那句"羊毛出在猪身上，让狗来埋单"曾经火遍整个商业界。不过，这句话是有特殊语境的，那就是互联网，这种商业模式只有在互联网的商业维度上才能实现！

在这一维度上，产业链条可以实现生态化。比如，手机是小米的主打产品，但围绕手机又可以衍生出其他增值业务：软件、服务、周边产品、粉丝经济等。再比如，小米电视、手环、MIUI、米兔等都是围绕手机来做的，但彼此之间是相互链接和加强的；手机只是入口，用户在购买小米手机之后，需要其他增值产品和服务，这自然就实现了过渡。

三、爆品是如何炼成的

如何才能打造爆品呢？这里有三条法则，也是锻造爆品的"三点思维"，即痛点、尖叫点、爆点。

（一）痛点

找到用户痛点，是打造爆品的第一步！痛点就是用户身上的"饥饿感"，就像在沙漠里遇到一碗水，是一种本能需求。不管你把产品做得多精致、多有情怀，如果用户压根不需要，或者需求愿望没那么迫切，一切都是白搭。比如空气净化器。只要一有雾霾，空气净化器就脱销。2015 年，美的空气净化器都没怎么做推广，就卖了 20 万台。

奇虎360。当杀毒软件还被大家视为金牛产品时，忽然说要永久免费，结果百万级用户蜂拥而至。

还有 hao123。别看它只做了一个简单的网址集成，却让用户摆脱了在海量信息中反复寻找网址的痛苦，让网上冲浪更简单、便捷。

痛点，往往是现实中最困扰用户的问题；或者，只要进行一点改进，通过创新就可以提升体验，让用户变痛为爽。现实中，很多企业都栽在这上面，因为他们过于沉迷自己的创新，却没考虑用户的真实需求。

顺丰嘿客曾简单地以为，网购最大的痛点是没法体验，于是搞了一个"先让消费者到线下体验，然后再买"的方式。的确，网购体验不足的确是痛点，但网店的 7 天包退承诺让这痛点就没那么痛了。所以，顺丰嘿客之所以会创新失败，根本原因还是违背了用户价值。

网购的核心价值就是：低价、便利！用户只要随手动动鼠标，想要的商品就会很快送到家门口，但顺丰嘿客却告诉消费者：先去店里试，试完了再买。试想，哪个只愿动鼠标的消费者有时间和耐性到店里去试？不然直接逛商场岂不是更好，起码货品更全。

痛点是爆品的重要前提，寻找痛点也要辨明真伪。

（二）尖叫点

所谓尖叫点，就是要在某一点上做到极致。做到了极致，就能引发用户尖叫，让产品从同类竞品中脱颖而出。

互联网时代的产品哲学是极致，即聚焦一点，做超越用户期望的一件事，而非成为全才。在互联网的商业维度里，全能型产品是无法生存的，因为口碑已经成为消费者信心的来源，但产生口碑的基础可不是优秀，而是卓越。

比如，你把一件产品做到 100 分，口碑也只是 0，只有口碑 100＋才是王道。用一个公式来讲，就是"顾客价值＝使用价值＋感受价值"，口碑源于感受价值，而用户只能感受到超出使用价值的那部分。

如何才能让用户感受到超出了预期？答案就是超高性价比。就是雷军说的，价格砍一半，性能提升一倍！价格和性能是相辅相成的，缺少任何一个都不会让用户尖叫。

所有爆品最初都是小众的，只专注于满足部分需求，而非照顾所有人。只有聚焦资源打磨一个点，才能有卓越的产品问世。比如，小米把产品定位在"为发烧而生"，最初就是为一小撮发烧友打造的。所以，小米每天都坚持与发烧友在线交流，听取他们的意见，系统每周都迭代一次，并让发烧友参与产品研发。

打造爆品一定要围绕核心用户，先让他们尖叫，之后才会产生口碑，才会有后面的大众传播。孤注一掷，根本行不通！

（三）爆点

爆点，顾名思义，就是能引爆传播的那个点。它才是产品携带的真正病毒，一旦引爆便可以迅速自我复制和扩散。通常爆点需要三个步骤来形成：

第一步，设计品牌记忆点。简单来说就是，为了让受众快速地记忆品牌，给他们设计一个快速记忆点。

Roseonly 的记忆点是：一生只送一人。

可口可乐的记忆点是：神秘的秘。

加多宝的记忆点是：降火。

三只松鼠的记忆点是：萌宠体。

三个爸爸的记忆点是：呼吸里的爱。

褚橙的记忆点是：励志。

在信息大爆炸的时代，每个人都被淹没在海量信息里，如果你没特点，谁会看得见你？

设计品牌记忆点时，既要符合自身特点，又要简单易记、易传播，还要为后续传播埋下伏笔。

第二步，策划参与节点。这一步的主要任务是设计入口，将目标用户吸引进来，引起他们与品牌的共振，形成共谋关系。比如，中粮腰果的"吃货语录"以及"为产品起名赢非洲游大奖"活动；被日子卫生巾玩坏的大姨妈；还有船歌鱼水饺"对饺子的执念"。

设计参与节点时，一定要"勾人"，要引起目标受众的参与兴趣，使其觉得"有种、有料、有趣"。做好这一步，就可以与核心用户建立关系，从无关系到弱关系直到强关系，最后将其收归品牌粉丝，成为品牌口碑的"人肉"基础。

第三步，引爆事件热点。把前面的工作都做好，现在就只等东风了，热点事件就是我们要等的东风。事件是进入大众圈层的通行证，事件思维是做爆品必要条件，不仅要善于捕捉热点，还要精于策划热点。

比如，2015 年，汪峰向章子怡求婚时空运钻戒，用的是大疆牌无人机。这件事不仅让汪峰成功上了头条，还引爆了大众对大疆的好奇。其营销行为竟然上升为新闻事件，不但成功进入了大众视野，还引爆了流行。

当然，痛点、尖叫点、爆点，是一个逐步深入的过程，三者互为基础，少了任何一个要素都不足以将一个品牌引爆。

门店职能转型，助力互联网做O2O体验与展示

一、门店经营存在的问题和症结

在中国零售业普遍还处于粗放式发展的环境下，即使沿袭和优化现有模式，同样可以稳健成长，从而有效避免大船掉头的连锁风险。但苏宁却站在电商与实体零售的岔口，选择了第三条路——O2O。

2013年，苏宁云商开始了自己的O2O转型之路：6月，苏宁云商宣布线上与线下同价；"双十一"期间，苏宁云商首度推出O2O购物节；同年，苏宁易购平台开放。

为了将线上与线下交易、服务休息、游戏互动三大核心体验全部打通，2014年苏宁又推出了首个O2O体验店——苏宁嗨店。其实，体验并不是苏宁O2O关注的重点，而是将自己的注意力集中在了大数据上，缩减了自己的平台会员体系，包括苏宁广场、苏宁易购、苏宁电器、红孩子、PPTV等。

其实，苏宁从未停止转型之路：2014年10月，苏宁以不低于40亿元的价钱，将旗下11家门店转让；在第二届O2O购物节上，李斌出任苏宁易购第一任首席惊喜官（CSO）；苏宁云商董事长张近东提出要摘掉苏宁头上"传统零售"的帽子，苏宁对O2O的重视程度可见一斑。

对苏宁来说，2014年是至关重要的一年。

如今，传统零售业已经逐渐与互联网融合，传统零售业已普遍认同线上

营销，全新的 O2O 零售业态也随着双方心态的变化而逐渐落地。

移动互联网的发展，使得消费者可以更加便利地购物，且一发不可收拾。如今，除了购买紧需物品，消费者通常很少到线下门店，周六日逛超市的人也逐渐减少。资料显示，电子商务已占去了 10% 的成交额，并呈现出几何式增长。

面对飞速成长的电子商务，实体店在经营过程中又要面对哪些问题呢？

（1）无法满足消费者的各种需求。线下门店大多数都要受到场地、铺面租金的影响，一家店铺很难包罗万象，也就无法满足消费者不断增加的各种需求。

（2）运营范围只限于实体门店。传统的门店只能等消费者到店后，才有可能实现交易，商家很难掌握消费者的动态，商家开展营销活动越来越不便利。

（3）消费者的购物时间有限制。大部分零售门店都有营业时间限制，消费者也就无法随时知晓门店销售情况，也很难做到实时互动和购买。怎么解决这一问题，是实体店需要思考的。

（4）有限的客流量。受地域限制，客流量一直是实体店的一大难题。无论你要卖什么，先得让消费者知道吧。虽然这看似平常，却揭示了实体店客流量的根本问题。

（5）二次消费实现难。很多传统门店的经营都是一锤子买卖，客源流失严重，商家没法对消费者进行二次商品推荐，使得消费者很难知道上架新品，使客流充满不稳定因素。

（6）传统门店成本高涨，但管理效率低下。随着房租、装修、维护费用日益高涨，店面面临着各种居高不下的管理费用，每天还没开张先看见一堆高额账单。店面选址、门店装修都已不敢轻举妄动，和电商商家比较，仅门店费一项就可以拖垮门店经营者，使价格促销倒成了门店营销的禁区。

再加上，总部与门店间信息不畅通，总部经营者无法与消费者面对面交流，信息交换变得缓慢，甚至一个促销方案从制定到执行需要两个月。门店管理效率低下，也是实体经营者止步不前的重要原因。

（7）生产效能低下，产品更新缓慢。经营者一旦无法与消费者进行密切沟通，就会降低产品周转率，单品销量也会随之降低，进而增加原料与供应链端的成本，使生产效能低下。如今，部分自有工厂已然沦为网商的代工厂，自身产品的排产和产能极为受限。

通过上面的分析可以发现，传统门店的发展正面临着巨大困境，如何从困境中摆脱，找到新的爆发点，是门店经营者目前最大的考验。从根本上讲，实体店的发展"瓶颈"还在于无法跟顾客建立连接、信息不对称和变化失衡。要想解决这个问题，传统门店一定要自建互联网切入口，实现与顾客的连接。

二、门店职能转型，助力互联网做O2O

在未来，门店的职能不再是销售，而是"体验展示＋销售"，顾客到店不只是购买产品，还要体验产品，比如，在门店倾听产品讲解、在门店提货、在门店进行售后维护等。由此可见，加强门店的服务类功能，打造集资讯、体验、展示为一体的门店，是未来发展的新趋势。

同时，还要接入微支付功能，为顾客提供更便利的在线支付服务。把商品链接二维码，印制在门店货架展柜的商标标签上，顾客只需扫描二维码，即可进入网络商城收藏商品。之后，即使离开门店，也可以在线购买，再由门店按约准时送货上门。

此外，为了激励顾客主动分享商品，还可以让顾客分享评价获得额外奖励；当然，为了提高顾客进店频率，社区型的门店还可以添加代收快递类的便民业务。

同时，还要让门店促销员自建一个网络店铺，实行全员网络开店计划。这样，促销员就可以在自己的店铺实现成交佣金实时结算，即使是下班时间也可以销售，以弥补门店夜间无销售的不足。

不可否认，"一个旗舰店＋四个职能门店"必然会成为未来门店区位的主要布局。旗舰店主要负责销售和体验功能，而其他职能门店则要承担销售和配送功能。为了方便门店配送到家及顾客取货，可以把职能门店设置在社区集中的地方。但值得注意的是，不是每家门店都能轻易向 O2O 模式转型，因为实现这一转型也需要具备如下条件。

（1）打造商家与消费者共通的运营模式。随着移动互联网的飞速发展，生活中到处都是低头族。因此，商家入驻网络的首选就是优质 O2O 平台，传统门店大可把顾客的入口和通道搭建在移动互联网上。

如今，社交化媒体已经成为发布信息、与顾客沟通的最好工具，比如，爱个购就在移动互联网端的基础上，打造出一个本土化的 O2O 生活服务平台，使商家与消费者沟通更便捷。

（2）完善实体门店的信息化系统。为了更好地实现门店和顾客的连接，门店数据及顾客记录都需要利用信息化系统来完成。有了这样的系统，就可以完整记录顾客的购物习惯及喜好了；同时，还可以对门店运营期间的商品的库存和周转率进行分析，统计出顾客的各类数据等。

（3）同步进行门店零售和 O2O 模式。与顾客的连接和沟通经过互联化，能有效降低流失率，形成全触点的成交模式。目前，守株待兔是实体门店的主要运营模式，工作重心还是等顾客上门，导购多处于闲置状态。而门店运营互联网化就是让导购有事可做，即使在闲暇时间，也可以通过网络工具，与顾客实现连接和沟通，利用内容营销和电子优惠券进行互联网推广，使门店真正从单一场景营销变成全场景模式。

三、实体店转型 O2O 模式的方法

同苏宁一样，很多大商集团也选择了 O2O。

2014 年 4 月，天狗电子商务公司成立；同年 11 月，天狗网正式上线。网站提供的所有商品和服务均以实体店为基础，具有本地化消费特色。

大商集团的 O2O 经营体系，将线上商城与线下超市、百货门店进行交互，线下门店的导购员可以将店内实物拍照上传；另外，他们还激活了第三方商家的 ERP 系统，接入天狗 O2O 数据平台。

为了更有利于发展，天狗网还重新建立了一体化系统，将原有系统全部替换掉，仿照京东的供应链后台管理系统，对接品牌商的仓库和库存。未来，天狗还规划实施类似宜家的集合店模式。

连接和共享是互联网的本质，其将用户"点"与大量的信息"面"连接起来，用户可以在一个页面上浏览所有同类产品的商家，了解产品的生产过程、原料的成本等信息。而商家只能坦荡荡地出现在消费者面前，等待他们的购买。

线下资源集产品销售、体验、临时仓储、配送站等功能于一体，对传统百货商场来说十分重要，经过多年的积累，传统百货商场的供应链已经发展成熟。此外，传统百货商场作为零售终端，掌握着核心资金，在 O2O 领域具

有绝对的渠道选择优势。那么，作为实体店，如何在新媒体时代实现转型，打造自己的 O2O 零售生态圈呢？

（1）用多元化提升实体店价值，持续创造业绩。无论哪种形式的实体店，直营、加盟、综合也好，租赁、招商、代运营也罢，都是零售业的核心。实体店只有开展多渠道，才能具备更多使命，完成更多业绩。我们相信，未来实体店必然会成为产品展厅、营销活动中心、配送自提中心等，而非单一的销售店铺。

（2）为用户提供极致的跨渠道体验。如今，跨渠道已不再是什么新鲜词，也不仅是天猫、京东的特权，消费者身边有很多渠道可以让我们布局。甚至使用一个小小的二维码，就能轻易地吸引消费者进入店铺。

（3）给消费者带来更多的惊喜。其实，消费者都希望被更"深入"地了解，未来"本地化"必然会成为最有力的切入点。所以，我们应该珍惜每次和消费者"对话"的机会，在一次次"对话"中，沉淀和积累消费者的诉求；之后，再推荐给消费者，定然能换来最惊喜的笑容。

运营互联网大数据，指导店铺选址和产品研发

一、大数据在零售业实战中的应用

人人都说大数据有用，但不是每个商家都知道如何透过数量庞大的数据找到真正切中运营要害的那些重点数据，并用它们来指导和完善实际的店铺

运营。

2012 年底前，亚马逊从未大张旗鼓地推动广告业务，但有报道指出，亚马逊会在 2012 年底推出实时广告交易平台，叫板 Facebook 和谷歌。这个平台被称为"需求方平台"（Demand Side Platform，DSP），可以快速链接广告与目标消费者。网站上的闲置广告商、空间广告商都可以竞标，而标的不仅有广告版位，还包括符合特定条件的消费者。

亚马逊开发这一平台的目的，就是协助广告商连接到更多特定用户，让用户快速获取需求产品的相关资讯。这种平台概念虽然不是亚马逊首创，但依然有着丰富的资料做后盾。

亚马逊分享给广告商的资讯有两类：一是对用户行为做出的通用分类，比如，喜欢喝咖啡、喜欢时尚产品、热衷电子产品、身份为白领等；二是用户在网站上的产品搜索记录。但亚马逊没有把用户的实际购物资料列入分享。不过，广告商即使不知道实际的消费记录，也能了解到潜在用户的产品搜索记录。

2012 年，亚马逊有大约 5 亿美元的广告收入，而 2013 年这一数值又翻了一番，成为亚马逊的营收增长新动力。最关键的是，还可能成为给亚马逊带来最高利润率的业务之一。

从亚马逊的例子中，我们可以清晰地看到：成功运营大数据的关键是把资讯系统和决策流程紧密结合起来，对用户需求迅速做出回应和修正，并且立即执行决策。

其实，大数据究竟是过度包装的概念，还是经营的救命稻草，商家应该先给自己打一针镇静剂：普通的零售运营数据不会和云计算扯上关系，关键是对数据的分析和店铺的运营。

为了记录顾客的一言一行，包括顾客对服装图案的偏好、扣子的样式、拉链的款式等，在 Zara 的门店里，各个角落都安装着摄像机，经理则随身携带 PDA。这些"小动作"都会被店员汇报给分店经理，然后经理再上传到 Zara 的内部全球资讯网。每天，总部的设计人员至少都会收到两次资讯，并由总部快速做出决策，把新样式传送到生产线。

每天闭店后，销售人员都会结账、盘点货架的情况，并统计顾客的购买与退货率。然后，结合柜台现金资料，由店内交易系统给出当天的成交分析报告，对当天的热销产品进行排名，最后把数据直送 Zara 仓储系统。

收集海量顾客喜好数据作为生产销售依据，会大幅降低库存率。同时，Zara 还能根据这些数据，明确分析出"区域流行"类别，生产的时候就可以在颜色、版型设计上尽量贴合当地的流行趋势，做出最容易令顾客满意的市场区隔。

此外，除了在线交易，在产品正式上市前，也可以拿到线上商店试水。通常，Zara 会先在网络上发布消费者意见调查，然后从网络回馈中摘取有价值的顾客意见，改善实际出货的产品。

在 Zara 看来，网络上的海量资料就是实体店的前测指标。因为大多数在网上搜索时尚资讯的人比较前卫，能更强地掌握资讯、左右服饰偏好、催生潮流。另外，那些能通过网络得知 Zara 资讯的消费者，到实体店里消费的概率也更高。

当然，不仅在生产端，这些顾客资料还被 Zara 应用在公司所属的英德斯（Inditex）集团的各个部门：设计团队、生产线、行销部、客服中心、通路等。这些资料形成各部门的 KPI，建立起 Zara 内部的垂直整合主轴。

可见，大数据对任何零售业成功来讲都是必不可少的。各企业都应该充分利用大数据模式，了解顾客真实需求，创建新需求，更好地实现顾客管理。

二、"大数据"的商业价值

"大数据"的商业价值，主要体现在以下七个方面：

（1）细分顾客群体。应用大数据，可以对顾客群体进行有效的细分；然后，就可以为各群体制定个性化的行动策略了。

一直以来，商家都是对特定顾客群进行营销和服务，基于云存储的海量数据和其细致入微的分析，商家就可以实时地对消费者进行细分了，极大地提高了成本效率。

（2）模拟实境。运用大数据可以很好地模拟实境，发掘出新的需求、增加投入回报率。如今，带有传感器的产品越来越多，智能手机、智能汽车的普及也让我们能更多地收集到海量数据。同时，Facebook、Twitter、Blog、微博等社交网络，每天也都产生着海量数据。

利用云计算和大数据分析技术，商家便可以在保持高成本的前提下，实时储存和分析用户数据及其交易行为，让用户行为、交易过程、产品使用等实现数据化。之后，再通过某些情况下的模型模拟，给不同的现实问题提供最优方案，得到最高的投入回报。

（3）提高投入回报率。使各部门都能分享大数据成果，会极大地提高整个产业及管理链条的投入回报率。数据运作能力强的部门可以利用内部搜索引擎、互联网、云计算等，把大数据成果分享给相对较弱的部门，帮助他们运用大数据创造商业价值。

（4）出租数据存储空间。无论是企业还是个人，对信息存储都有海量需求，只有妥善存储数据，才能深入挖掘其潜在价值。具体来说，可以分成针对个人文件和针对企业用户两大业务模式。只要通过方便使用的 API ，用户就可以将各种数据存储在云端，然后如同使用水、电一样按用量收费。

当前，亚马逊、网易、诺基亚等公司都推出了相应服务。此外，有些运营商也推出了相应服务，如中国移动的彩云业务等。

（5）有效管理顾客关系。之所以要对顾客管理应用进行有效管理，主要就是为了根据不同的顾客属性（自然属性和行为属性），从不同的角度深入分析、了解顾客，提高顾客忠诚度和消费率，增加新顾客、减少顾客流失。

虽然让中小型零售商家使用专门的 CRM 显然有些大材小用。不过，让很多中小商家把微信作为初级 CRM 来用，倒也是个不错的方法。比如，把老顾客加进粉丝群，在朋友圈里发布最新的产品预告、特价销售通知等，并进行售前售后服务等。

（6）个性化精准推荐。利用数据挖掘技术，通过文本摘要抽取、情感分析、关联算法等智能分析算法，就可以提供商用化的服务，对顾客进行精准营销。在运营商内部，依照用户喜好进行各类应用和业务的推荐很常见，如 IPTV 视频节目推荐、应用商店软件推荐等。

（7）数据搜索。运营商掌握着大量用户网上行为信息，使得所收集的数据具备更全面的维度，因而商业价值更高。

如今，数据搜索已经是家喻户晓的应用，随着大数据的走近，全范围、实时性的搜索需求将越来越强烈，我们需要快捷方便地搜索各种用户行为、社交网络等数据。通过数据搜索，可以将广告和实时数据处理与分析联系在一起。

三、"大数据"与零售业的结合运用

互联网使我们可以便捷地获取信息，但我们也应仔细收集、认真研究。之后，将网络平台上的用户信息和收货信息逐一收集起来，并依据先前设定好的位置条件、时间条件，对数据进行筛选分析，并绘制用户地图。然后，依据这份用户地图，加上商圈分析，就能完成门店选址工作。若用户集中度过高，则可以直接选址在用户附近交通较为便利的社区里，在接近消费者且房租不高的社区开设智能型体验店，仅承担销售和配送业务即可。

根据消费者的购买信息数据，就能合理调配门店产品的备货量。定期在门店和自媒体上做产品调查，收集用户对产品的建议及需求；发布新品开发细节并征询意见，让用户参与产品研发；开放用户预订功能，根据预订量来决策新产品生产数量及其售价。

那么，零售业如何把大数据用好呢？

（一）零售策略结合数据技术

要将大数据在零售业的最大价值发挥出来，需要与零售策略结合起来，如此才能最大限度地前置零售策略，确保销售计划的实现。

大数据有四大特性：数据体量大；数据类型复杂，涉及多种结构性和非结构性数据；价值密度低，这与大体量相对应；数据更新和处理速度快。因此，在业务数据产生时主动做出相应的策略回应，就可以使企业获得更多的时间及调整市场策略的空间。

将数据用到这个层面，才能具备直接的业务价值。比如，某家拥有线上业务的实体零售商，之所以会给一组只有15分钟促销时间的货品准备3套应变策略，就是为了确保货品能按计划卖出去。

在实体商业领域，有关营销结合数据的案例屡见不鲜。有个较早的版本，是著名的沃尔玛啤酒跟尿布的故事。事件的始末是：

很多美国妇女在家照顾孩子，丈夫下班回家前，都会叮嘱他买尿布。可是，丈夫们到了超市，通常会顺手买几瓶喜欢的啤酒。分析师分析后得知，啤酒和尿布的销量竟然呈正相关，于是，沃尔玛超市就将啤酒和尿布摆在了一起。

一个不经意的发现，就为商家创造了新的销售组合。可是，虽然很多零售连锁企业都知道这个故事，却很少有人真的从日常销售中发现类似组合，哪怕是有一点点关系的组合。所以，大数据对零售业的最大价值，就在于引导零售策略设计，这也是"大数据"直接支持零售营销的原因。

（二）正确对待大数据

（1）领导者要重视大数据的发展，重视公司内部的数据中心，把收集顾客数据作为企业营销运营的首要目标。

（2）要建立起配合数据收集的软硬件机制，对企业内部人员进行专业培训。

（3）找准业务需求，有针对性地寻找数据。

（4）在企业现有的数据基础上或发展目标的前提下，制定出实现前三项目标的基础建设方案。

针对这些基础工作，企业不仅进行实实在在的投入，还要打造一支规范的信息化团队。可是，对于中小微零售企业来说，这几乎是不可能的，因为他们都没有足够的能力来应对这场巨变。而大中型零售企业通常已经有了业务和利润积累，做好了准备。

当然，这也不是说中小零售企业一点机会都没有！在大数据的发展上，所有企业的机会都是均等的。云计算的广泛应用，就是给这场巨大变革的最好献礼。

作为中小微零售企业，根本不用考虑自建一套大数据电子系统，因为不管是成本、精力还是能力，都不足以支撑。因此，完全可以将企业的 IT 建设外包给合适的服务商，把企业的全部精力投入商圈开发。

当前，部分 IT 软件开发运营商针对传统零售企业打造了合适的云服务基础平台，其打造的基础环境和系统架构跟大型乃至超大型企业是完全一样的，企业只需明确规划出自己的目标和适合的步骤，对云平台按需付费即可。

第六章　全零售生态之发挥固有优势

——扬己所长，不忘初心

守住零售优势：不忘初心，专注做好零售

一、不忘初心，打造独一无二的自己

如果将迪卡侬比作运动品牌中的宜家，也是合情合理的。因为迪卡侬的运作模式跟宜家如出一辙，不论是产品还是卖场，大部分都是品牌自有。与宜家不同的是，迪卡侬并没有太多广告，其主要的营销模式是口碑。那么，迪卡侬又是如何依靠口碑营销成为全球知名运动品零售商的呢？

迪卡侬是欧洲最大的运动用品连锁集团，其业务囊括研发、设计、生产、物流和销售，旗下有16个品牌，全都是专业运动员和体育运动爱好者所喜爱的。近几年，迪卡侬纵向积极扩张市场，横向则着力打造核心竞争力，这就是世人所能看到的迪卡侬。

创始人米歇尔·雷勒克（Michel Leclercq）无论是在战略规划上还是经营理念上，甚至设计风格上，都带领迪卡侬走向了一个全新的方向。在营销方面，商场成了迪卡侬的体验场。在迪卡侬的健身器械专区，有人在跑步机上慢跑是再平常不过的了。这样的画面令人感觉身处健身房，而非商场，但事实上就是在商场。

在迪卡侬，消费者还可以亲自体验足球、篮球、乒乓球、自行车等体育运动。上海金桥迪卡侬专卖店里，即使已是晚上9点，仍有很多人在跑步机、自行车、乒乓球桌旁运动。

体验式营销，是迪卡侬营销中最重要的一环！走进迪卡侬门店，人们一般都会产生这样的疑惑：这里究竟是商场、健身房，还是游乐场？因为在那里，有拎着购物筐购物的人，有在跑步机上挥汗如雨的人，还有在角落里玩皮球的小孩子。其实，这正是日常的迪卡侬商场。

一直以来，迪卡侬消费者都有很充足的空间去解读迪卡侬。从运动衣到户外野营帐篷，从分析消费者心理再到实施体验营销，迪卡侬已经不仅是单纯的体育运动品零售商，而是一种健康的生活方式。

迪卡侬的强大实力，每年走进迪卡侬门店消费的十几亿购物者对此做出了很好的证明。如今，迪卡侬已经被越来越多的运动爱好者和消费者所喜爱，有了体验的机会，即使不来购物，在这里休闲放松也是很好的。

每家零售企业都有自己的优势，要想在激烈的竞争中脱颖而出，必须坚守自己的竞争优势，使其充分发挥效用。

所谓竞争优势，指的是企业与竞争对手完全不同的独特能力！只要具备了这种能力，企业就可以在自己的市场里先声夺人，并超越竞争对手，获得消费者青睐，为企业在竞争中给自己的零售市场建立一个安全壁垒。

有了这样的壁垒，竞争对手就无法和你的顾客发生联系了，这样你就可以有效地回避竞争对手的进攻，保持自己的竞争优势，降低竞争压力，同时在较长时间内持续提高利润。

二、零售业的竞争优势来源

零售组织是多个经营要素结合的有机体，如果能更好地将这些要素组合起来，也就具备了比竞争对手更大的竞争优势。对零售企业来说，建立竞争优势可以从以下五个方面来进行：

（一）商品

本质上，零售店就是满足消费者购物需求的地方。不管实施什么经营策略，都是为了吸引顾客，然后让其买到称心的商品，满意而归。没了商品，即使服务再优良、位置再优越、环境再怡人、运作成本再低，也失去了意义。所以说，商品因素是其他所有因素的基础。其他因素再多，只有围绕商品这一核心展开，才会发挥应有效应。

概括起来，零售企业要想通过商品来确立自己的竞争优势，可以从以下方式入手：扩大商品范围，增加商品种类，为消费者提供更多的选择，全力支持一站式购物；提高商品质量；质量相近的商品，售价可以更低；提高商品更新率，使之更具新鲜感和时尚性；开发独具特色的自有品牌商品。

（二）服务

顾客服务对零售业的重要性来自其自身特点，因为零售业归根到底要与顾客"亲密接触"，经营理念绝对是以顾客为导向，所以全部经营活动都得围绕顾客服务展开。

顾客之所以选择某家零售商店，是因为能买到称心如意的商品，更是因为可以享受优美舒适的环境以及贴心周到的服务。

诚然，零售经营要以商品为基础，但如今信息产业高度发达，商品同质化现象严重，仅靠商品本身，要想凸显和保持自身优势，是十分困难的。只有在商品竞争力够强的基础上，不断完善服务，满足顾客需求，才能形成自己的竞争优势。

只有为顾客提供优质的服务，企业才能通过积极的市场营销获得更多更好的消费关注，继而有效地帮企业占领市场份额、提高声誉、实现溢价等。

只要提高服务质量，公司自然就会赢得良好声誉，获得更大的市场份额，进而有能力提供比竞争者溢价高的服务。调查表明：提供优质服务的公司，其市场份额增长超出一般同行，并且能获得更好的声誉和更高的价格。

良好的服务还有营销防御的作用，即留住老顾客，培养忠诚顾客。任何竞争对手都很难与牢不可破的声誉抗衡，一旦能在服务上赢得长期声誉，就能长久地保持这种优势。

（三）店址与购物体验

对传统零售企业而言，店址是成功的关键性因素。一个好位置就是一笔无形资产，会给企业带来源源不断的可观利润，形成一种长期优势。而对消费者来说，选择到哪里购物，最重要的因素是便利性，如果买瓶水还要艰难跋涉，商品和服务再好也让人望而生畏、踌躇不前。因此，很多人把门店经营成功的首因归功于选址，可见店址选择的重要。

购物环境够舒适，购物体验够独特，就能很快吸引顾客注意。1998 年的《哈佛商业评论》刊登了一篇题为《迎接体验经济》的文章，很快引起多方关注。所谓体验经济，是当经济水平发展到一定程度后，人们的消费重点就会从产品、服务转向体验。体验是一种难以磨灭的记忆，零售企业要以服务为舞台、以商品为道具，给消费者创造值得回忆的难忘经历。

实际上，不同的消费者走进不同业态的商店购物，就会产生不同的零售体验。其实，这也是零售企业为顾客提供的一系列经营要素的组合，顾客的购物兴趣就是被这些要素激发或抑制的。

不管是环境氛围、商品陈列、销售员的数量与素质，还是停车场车位、付款时间、安全卫生等，都可能对顾客的购物情绪造成影响。顾客对其中的任一因素不满意，都可能打消原本的购买念头，甚至可能不再光顾这家商店。以此为鉴，为了赢得竞争优势，很多零售企业都在以独特的购物体验吸引顾客，MOA 就是其中之一。

Mall of America（MOA）位于美国明尼苏达州，是美国最大的购物中心。但它不同于一般的购物中心，因为它同时还是一个主题乐园！

这个购物中心原来是个体育场，大楼底部有个水族馆，还有个占地 2.8 万平方米的游乐场，每年都可以吸引 4000 万名顾客，比美国两处大峡谷和迪士尼乐园的总和还要多。

（四）低成市运作

虽然消费者不知晓所有的经营技术，但他们同样可以为零售企业带来绝对的竞争优势，比如，低成本运作技术。相同业态的零售企业，通常只能满足消费者一方面的需求，因此不同的成本运作表明了零售商的企业实力差距。

对于零售企业，在保证提供和竞争对手同样质量的商品和服务时，如果能以更低的成本运作，定然会获得比其对手更多的边际利润；通过利用潜在利润，又可以进一步吸引更多的顾客，提升销售额。沃尔玛之所以能成为世界第一零售企业，关键在于其能有效低成本运作，竞争能力远超对手，能在竞争中掌握更多主动权。

（五）信息管理系统

近几年，信息管理系统的重要性越来越被国内零售企业认同。为了及时了解商品的销售动态以及消费者购买行为的变化，大家都在着手进行信息系统建设。

利用信息技术，零售企业可以制定出更好的、更有效的决策。有了这套系统，就能够收集和处理大量数据，并将销售终端系统、中央处理系统、管理者办公室里的电脑系统连接起来，通过销售终端系统对消费者购买行为进行记录；一旦这些数据被传输给管理者，管理者就可以实时了解每种商品在每家分店的销售情况，对货品调配的数量、类型、时间进行决策。如此，不仅可以降低库存成本，还能提高顾客服务水平。

掌握了这一技术，不仅可以使商品引导时间有效缩短，还能进一步降低仓储成本、改善服务质量、提升顾客满意度。如今，零售经营正逐步引入快速反应系统。20 世纪 80 年代中期，引入商品通常需要一个月，但今天只需一周就可以做好商品销售准备。各企业一定要抓住机会！

深挖实体店价值：最大限度满足消费者需求

一、电子商务下的实体店

在电子商务席卷中国市场的今天，大部分企业连自己的服务细节都没做好，离拼商业模式还很远，所以说电商会击溃传统，其实就是个伪命题。尊重人性、注重细节，真正做到以人为本，这样的商业特质，打造的体验焉能不佳！

很多日本商场的服务体验都十分人性化，拿东京来说，东京百货商店处于人流集中的位置，很适合安排"血拼日"。多数商场都是上午10时或11时开始营业，晚上8时至10时关门。消费者会在上午开门时进店，凭着上午购物的积分，还能享受商场顶层"大食代"提供的免费午餐，给消费者节省一笔不小的开支。

东京每年6月和12月有两大打折季（因为日本人每年发两次双薪），每次持续3～4周。形式跟中国香港地区的圣诞扫货季类似，折扣力度越到后期越大，但某些紧俏商品很可能会断货。于是"早有预谋"的购物狂们，在打折季刚开始时，就迫不及待地动手囤货；而节俭精明的消费者，则等到Finale Sale（最后清仓）时才会出手。

专卖店和百货店里同品牌同款服装没区别。但在商场，消费者可以得到更多附加服务。不要以为这没什么了不起，但就是这些细节让消费者方便又放心。

在东京百货商场，顾客可以免费寄存行李，不需要到处找自动存包柜，也不用担心自己的行李太大没地方放。寄存处有专门的服务员，会亲自帮顾客把行李寄存好，让顾客安心购物。

买好东西后，如果顾客不想大包小包地回家，还可以选择送货委托。商场会将商品打包送货上门。当然，并不是只有大家电之类的商品才可享受这一服务，皮包、鞋子、衣服、日用品等都可以直接送到顾客要求的地址。

和国内许多商场一样，东京百货商店也有消费换积分活动。但不同的是，东京商场的积分不用累积到一定额度，任何时候都可以直接冲抵现金消费，而且还能即刻换购餐食和饮料。

此外，商场还提供免费代客停车取车、提行李、推婴儿车、启动残疾人专用电梯等服务。现在，东京很多大商场还配有中文总台服务员，专门为中国游客提供服务。

当然了，总的来说，日本百货店最让人称道的，还是品牌正货，没有一件次品、假货。日本商家对商品质量把关极为严格，如果在日本的大商场里买到了残次品，不仅会得到大额补偿，商场经理还会亲自上门道歉。所以，日本的百货店最大的优势还是放心。

近几年，随着电商不断冲击传统零售业，零售实体店似乎逐渐走向寒冬。万达百货、七匹狼、百丽、美邦、人人乐、GAP 等频繁爆出关店消息，不断被贴上客流稀少、利润大跌、亏损、被迫转型等标签，舆论也纷纷唱衰实体店……

对实体店来说，发展之路似乎越走越艰难。可"因网而生"的线上品牌及天猫、京东等电商大咖，却纷纷开始走到线下，开起了实体店。

二、电子商务下的实体店优势与劣势

如今电商崛起，中国传统零售业可谓在夹缝中求生存，亟待突出重围。很多实体店出现销售额和利润下降的现象，而且降幅很大，客流量也越来越少。那么，实体店夹在电子商务中，会面临怎样的问题呢？

（一）传统实体店的五大劣势

传统上实体店主要具有下面五大劣势：

（1）多维渠道：价格竞争力弱。对于传统行业和电商竞争来说，价格永远是最大的硬伤。电商之所以能设定出比传统价格更低的价格，是因为传统商业走的是五维渠道：企业——总代理——分区代理——分销商——终端网点，每个环节都想赚钱，但电商是直接对接企业的，当然就更具有价格优势。因此，不能解决价格问题，传统生意定然不好做。

（2）关系过弱：顾客对门店的黏性差。为什么星巴克和麦当劳要推出"第二杯半价"？因为开发新顾客的成本，要比二次开发老顾客的成本高得多，即使五折销售，商家一样能赚钱。但多数传统门店做的都是一锤子买卖，顾客几乎没有黏性。一个很好的例子就是，火车站旁边的传统饭店店面不大，但多数习惯宰客，中国人这么多，一人宰一次就赚足了，这是传统线下门店的普遍问题。

（3）产品有限：门店销售半径受限。传统门店所能容纳的东西太少，已经没法为消费者提供所有需要的产品，而国美、苏宁等家电卖场之所以能成为消费中心，与其齐全的产品不无关系。

（4）成本增加：租金贵客流少。在电商迅速发展的冲击下，线下门店的客流可谓一落千丈。无论商场还是商圈，都面临着这样的困境。庞大的购物广场体系成就的也只是王健林，受苦的还是更多生意人。甚至一些县级市就有好几个万达广场，商家的数量远超消费者。

（5）效率低下：资金/人员/管理效率跟不上。在传统的运作模式中，商家为了保证安全库存，可能会降低资金的使用效率；而店内人流稀少时，店员无所事事、白拿工资，人力资源效率十分低下；另外，在管理上，很多商家还未引入电子管理系统，管理模式还很粗放，运营效率可想而知。

（二）传统实体店的四大优势

中国十大杰出营销人、著名营销实战专家于斐先生表示，专卖店模式要比其他模式更具有独特优势，这种优势集中体现在：

（1）体验感。电商的一个致命弱点就是体验差，看再多的购买评价，也替代不了自己的看法与亲身体验。所以，要想做好店铺商品展示，做好线下门店服务最关键，一定要为顾客打造一个良好的试用、试穿和体验环境。

（2）区域性。电子商务基本可以辐射全国，但实体店消费者的区域性更强，这也可以看作实体店的优势。对此，实体店可以利用电商的这一薄弱之处，维系回头客、会员顾客。高质、高效的会员优惠与服务，成为实体店的又一大竞争优势，所以一定要将服务做得更深入、更到位。

（3）品质与售后。定位高端的奢侈品很难成为电子商务的主体消费品，比网购风险更大。很多商品都难保真、保质，特别是一些高端服装、服饰之类的非标准化商品，品质和售后就更难保障了。对于实体店来说，只有不断提升商品品质与售后服务，才能维系更多的黏性顾客。

（4）目标受众。电子商务再风生水起，毕竟还是新生事物，我国还有很多地处偏僻、物流难以触及的地区，这些消费者更热衷于实体店。因此，根据商品定位，准确分析确定目标受众，尽量满足他们的需求，才能吸引更多顾客，提高综合竞争力。

三、深挖实体店的优势，最大限度满足消费者需求

"顾客是上帝"，对顾客需求的了解，零售实体店显然比网络更有发言权。因为实体店可以与顾客面对面交流，可以最直观地了解顾客需求，这种机会十分难得。

抓住需求，为顾客提供更精准、细致的态度服务，一旦顾客的满意度得到提升，销量也就有了保证。因此，在电子商务大行其道的大环境下，实体

零售企业就必须深入挖掘，做好市场调研，深入地了解顾客的本质需求，主动为客户提供一些有针对性的产品或服务。

（一）电商的顾客维护成本远高于实体店

虽然电商没有店铺租金，但人工、采购、导流等的成本都高于实体店。此外，电商在维护顾客关系上的成本，跟在淮海中路开一家临街门店付出的成本相差不多。

另外，老顾客存留率低也是致命伤，很多电商在顾客维护成本这一块非常吃亏。要想让更多人认识自己，电商就得大量购买流量，可流量也在涨价。因此，很多电商公司对"度娘"又爱又恨，因为它能给你带来点击率，但前提是你有足够的钱来买流量。关键字越卖越贵，前一年可能一个字100元，后一年可能涨到150元。但对实体店而言，顾客维护成本很低，一般顾客留存率都在60%以上，但电商能达到30%就不错了。

（二）实体商业从交易场所向多功能的生活场所转变

能让消费者畅快地体验"逃离感"，才是好商业。换言之，进入实体店，消费者通常都希望摆脱工作状态，寻找到一种全新的心境。做到这一点，成功也就指日可待！但是，要想触发消费者的心境，还需要紧密结合自然与所触、所听、所嗅等感官。而电商是无法提供这些的！

珠海三樱日用品有限公司成立于2001年，是一家专业从事居家日用品设计、研发、生产和销售的港资企业。十余年来，公司主要生产"三樱"牌厨房用品、清洁用品、日常用品、卫浴用品和一次性用品五大系列300多种居家日用品，其中一次性日用品系列连续十年位居广东省之首。主要产品包括保鲜袋、保鲜膜、清洁袋、台布、多功能手套、胶杯、胶碗、免踩拖把、时尚垃圾桶、调味盒、棉签、旅行装牙签、专用晾衣架、柔棉抹布、真空收纳袋、定量油壶、电动开瓶器、沥水架、零度保鲜盒、家庭装运动水杯等。为了更好地塑造这种多功能生活场所，让消费者更好地体验"逃离感"，三樱日用品相继在广州、深圳等地建设生活体验馆。产品陈列充分调动消费者的感官，常常让消费者无意中走进体验馆，在溜达中、在随意的体验中，完成购买行为。事实证明，这是电商所无法提供的。

（三）注重事件营销，大力推动实体商业

现在多数人用餐看重的不是吃什么，而是吃饭本身有什么意义。很多时候，中国人和别人一起用餐，主要是为了招待朋友，有距离反显得有诚意。比如朋友远道而来，走很远的路到饭馆用餐总比在楼下的小餐厅显得真诚。事件的本质就在于此！

越复杂越有价值！消费的意义是由整个消费过程决定的，这是电商无法替代的。

（四）情感体验成为备受重视的因素

通过视觉、触觉、嗅觉等得到的信息，都是浅层次的体验，要想激发用户的深层次体验，就必须通过喜、怒、哀、乐、思等情感来实现。

目前，我国很多购物中心提供的体验都集中在触动人们的五感上，很少有人会深度挖掘项目，更不会去探究人们的情绪变化。通过设计美化等手段，使场所变得情感化并成为一个叙事载体时，人们的情绪、记忆就能被触发，就能体会到场所的魅力。

（五）为健康移步，人们不会把自己关在家里太久

虽然现在很多人都很宅，但人们在家待得越久，出门走动的冲动就越强

烈。城市生活越方便，人们走出家门的想法也越强烈。电商是不能替代这一点的。

为什么现在大购物中心还受欢迎？原因就在于，每到一个购物中心，都要花费相当高的成本。个人在逛购物中心之前都会做一个价值选择——假如自己有 2 个小时可以待在购物中心，花在路上的时间可能就多达 0.5 ~ 1 个小时。因此，为了吸引顾客，购物中心就要提供更大体量和更多功能。但是，未来社会发展定然更为便利，梯度定然会分得很细，当地铁辐射更广的时候，购物中心定然会实现格局的调整和变化。

（六）见面就是三分亲

在互联网上，商家为了弥补无法和顾客面对面的缺点，会使用一些特殊语言拉近距离，通常要比在实体店与客人见面用的语言更亲密，比如，称呼顾客"亲"；再如，用一些激动、夸张的表情符号。

这些都是互联网语言的特质，因为不见面就没有温度。但实体店具备这样的条件，我们可以面对面地与顾客接触，服务连接可以即刻产生。这种打招呼的体验，是没法替代的！

发掘增长新引擎：提升核心研发能力

一、发掘增长新引擎

不管用什么方式方法，零售企业追求的最终目标都是让顾客满意。顾客满意度的积累，是建立在每个细节的严格把关之上的。从顾客停车、进店、挑选、交易、离店，每个环节都要能解决顾客痛点，这才是提升顾客满意度的最有效途径。

近年来，经营环境日渐复杂，竞争局势日趋激烈。简单地复制模式已经是日落西山，这样的短期行为无法帮助企业发展，反倒会成为削弱企业竞争力的利剑。只有那些短期内无法见成效、着重关注人价值观上的"长期"行为，才会成为企业塑造核心竞争力的法宝。

河南的胖东来就是一个很好的例子。

胖东来从结果出发，利用低成本的土办法，解决了"停车场问题"：晴天，顾客来取自行车，停车场管理员就会立即用冰袋给车座"冷敷"，车座一降温，马上就可以骑走；雨天，停车场管理员则会用塑料袋把车座套好，顾客完全不用担心车座会被打湿。虽然胖东来没有像日本百货那样建停车场，但也带来了实际效果，得到了消费者的广泛好评和由衷赞扬，很多消费者都是冲着他们的停车场服务从竞争对手那里转过来的。

胖东来对员工也一直坚持以人为本的关爱原则。员工薪资水平很早就比当地同行业、同岗位的工资高出两倍以上，甚至高于省会郑州的同行业工资水平。在这里工作满三年，即使是普通员工，也能拿到公司分红。员工对薪酬满意，自然会加倍珍惜工作机会。当其他企业还在因为"用工荒"、"人才荒"而影响业绩的时候，胖东来却拥有了一支稳定、高素质的员工队伍。

在新形势下，一定要摒弃追求短期高回报的想法，应立足长远，不断拉近与消费者的距离。只有全面扭转短期利益的运作导向，加大提升人流量指标的权重，减小提升业绩的权重，全面扭转短期利益导向，企业才能取得长期竞争优势。

City'Super源自中国香港地区，创业伊始就把自己定位为一家生活品位专门店，而非局限于超市。超市秉持"确保顾客在这里买完食材，能够清楚如何完成料理"的理念，在每家门店都建造了一间昂贵的透明厨房，并邀请知名大厨现场授课。

十年如一日，对西餐一知半解的中国人，都免费掌握了西餐的烹饪方法。如果在初期，这样的投入根本得不到任何实际的收益与结果，但这却给City'Super带来了大批的忠实消费群体，如今逛City'Super俨然已经成为人们享受高端生活方式的象征。

随着社会消费品市场的迅速发展，消费品通路终端的零售业，对经济的稳定与发展的意义更加凸显。与此同时，中国零售业与国际巨头相比，还有很大差距，在经营理念、发展机制、营销水平、融资渠道等方面都存在不足，比如业态发展不均、竞争力不强等。

二、零售业增长环境发生深刻变化

仅用了20年，我国连锁零售企业就逐渐成长为流通领域中的主导力量，其中有三个因素：①处在经济高速发展阶段，城市化加速、消费升级、地产增值，都是推动力；②由起步到成长的速度非常快，开启了连锁经营模式，基数低、增长空间大；③竞争环境较为宽松，企业生存空间大，机会多；此外，在宽松和粗放式的管理环境下，企业凭借沉淀资金、通道费用的快速发展来获取利润。但是近几年，这些因素都发生了明显变化。

（一）经济增速减缓，消费明显不足

到2012年，中国经济连续七个季度下滑，第三季度增长只有7.4%。很多专家认为，中国经济可能会进入一段增速放缓期，而且这个时间要比预期

的更长。

（二）竞争日趋激烈，局部市场饱和

在我国，一二线城市的业态已经或趋于饱和；电子商务、团购、自建渠道等方式，都在分流原有渠道；连锁企业中，单店亏损比例持续增加，有的企业甚至出现区域性亏损。

（三）人口红利的消失，大幅提高了成本

零售业人工成本增长的同时，人才流失率居高不下。中国连锁经营协会曾对 2012 年超市中金牌店长所在门店进行统计，上半年人工成本较 2011 年同期增长 15%。门店租金和人工成本都是企业的刚性成本，它们的不断增长，迫使企业要创造更大的盈利来弥补。

三、发掘增长新引擎，转变增长方式

如果想发掘增长新引擎，转变增长方式，可以从以下三方面做起：

（一）增加营销活动

2012 年中国连锁经营协会发起了活动——"中国传统节日促销"，分别在元宵、端午和中秋进行。以端午促销为例，6 月 17 日正式启动，持续一周，参与的会员单位近 20 家，共 4000 多家门店，其平均销售额都增长了20% 以上。

之后，这些单位继续深入研究传统节日的文化内涵，选择和研发了体现文化内涵的产品，作为民族传统文化的代表进行推广、宣传，为市场繁荣做出了应有贡献。

（二）减少退货切入

检验供应链效率的关键指标就是退货管理，牵一发而动全身。然而，目

前业内仍存在很多"订货盲目退货随意"的问题，尤其在节日和促销期间，大进大退，带来很多困扰。比如，浪费仓储物流成本、供应链效率低下、零供关系矛盾频发等。据中国连锁经营协会 2012 年的调查显示，零售企业最重视的是成本压力，次之就是库存管理压力。

之所以会造成大量退货，主要原因有：经营模式以代销为主、供应链信息不透明、订货人员的专业素质低等。要想减少退货，就应提高订货人员的职业操守，制定更严谨的订货、退货流程，调整现有相关岗位的考核机制，建立合理的货架结构和 SKU 数量，避免以收取通道费为由，造成 SKU 过多过滥。此外，供应商也应及时提供补偿机制的支持。

（三）完善员工激励制度

作为劳动密集型企业，人对业绩的影响越来越大。

当下，企业在人力资源方面都面临着这样的问题：基层员工流动性大，中高端人才供应不足。只有建立完善的员工激励机制，才能提高忠诚度和凝聚力；既要照顾高管、员工等不同阶层，又要设置长、中、短等不同职业期限。

零售的慢增长，正好给企业调整和变革提供了有利时机。企业在积累了一定规模、经验和效益后，点燃"新引擎"成为可能。通过激励机制，才能真正让员工得到利益、共享企业发展成果。比如，兴隆百货、大润发等公司制定的激励机制相对完善，就很好地提高了员工忠诚度，改善了服务质量。

总之，改进技术、改变生产模式、依靠创新、极致调整都可以激发"新引擎"。因此，广大零售业一定要深入挖掘企业文化、理念、流程和制度，努力发掘增长"新引擎"，找到切入点就能点燃"新引擎"，实现系统型、实质性的增长。

发挥金融优势：构建金融平台

一、中国零售商开展金融业务的优势

早在 20 世纪，沃尔玛就意识到了提供金融业务大有优势。因此，其开展银行业务，要比传统银行和传统零售商都更有优势：

第一，公司现金流和网点资源丰富。2012 年，沃尔玛的营业收入达 4692 亿美元，净利润 170 亿美元，经营活动现金流量 256 亿美元；截至 2013 年底，全球共计 10773 家门店。其中，美国有 4625 家，其余国家 6148 家，物流中心 318 个。

第二，公司以低收入群体作为消费受众，以无法享受主流金融服务的"无账户者"以及不经常使用主流金融服务的顾客为主要目标。据 2009 年联邦存款保险公司发布的研究报告显示，美国有 1/4 的家庭很少建立甚至没有银行账户，这些通常都是低收入家庭或少数族裔家庭，而高达 71% 的"无账户家庭"年收入均不足 3 万美元；同时，沃尔玛 2008 年的一项研究发现，有 2800 万美国人没有银行账户，缺乏银行服务的也有 2400 万人，而沃尔玛收取比主流金融机构更少的费用每年就可以为顾客节省 32.5 亿～65 亿美元。

2006 年，沃尔玛打算在犹他州开设一家实业银行，目的是降低其后台信用卡交易、处理支票的成本，并且为存款提供更高的利息优惠。这家银行不会设立分支机构，而是与其他银行建立起一种伙伴关系，让其在沃尔玛连锁店里设置分支机构，吸引更多的消费者。但沃尔玛雄厚的企业资金，令银行业、商会及议员颇为担心。

但沃尔玛没有停止涉足银行业务：2009 年 8 月，沃尔玛开始在货币中心提供账单支付业务；2010 年 5 月买入绿点公司 1% 的股份，把管理预付借记卡的业务交给后者，同时推出现金返还优惠活动；与超级金融集团合作，消费者申请小额商业贷款，可以直接到山姆会员店；与太阳信托银行合作，增设门店内的银行分支机构。

2012 年，沃尔玛和美国运通正式宣布，联合推出新款预付借记卡。这张卡可以在沃尔玛旗下任何一家接受美国运通卡的门店使用，既可以通过电话理财，还可以提取现金；还不跟任何受监管的传统银行账户挂钩，也无月费或年费、无最低存款余额要求，即使是低收入人群也能以此进行日常消费、享用类似信用卡的服务。

相较而言，沃尔玛在海外市场进展非常顺利，现已在墨西哥和加拿大拿到银行业执照，并具备运作经验。1991 年沃尔玛进入墨西哥，2007 年在当地开办银行（Banco Walmart），截至 2012 年底已有 2353 家零售网点，仅次于美国；1994 年沃尔玛收购 122 家 Woolco 门店进驻加拿大，2010 年获当地银行业执照，到 2012 年底，加拿大境内已有 379 家零售网点。

沃尔玛虽然在美国的银行之旅屡屡受挫，但它依然持续探索，一方面显示了沃尔玛发挥规模效应、延伸产业链、提高资金使用效率的高瞻远瞩；另一方面也说明消费者认可沃尔玛扮演银行的角色，这一举动的确有可能威胁到传统银行。

为了将来在金融业务扩张时不重蹈西尔斯的覆辙，沃尔玛的种种探索仍较为谨慎，其提供的金融服务还是围绕零售业主、围绕为顾客提供一站式服务进行的。

从沃尔玛的经验我们可以发现，中国零售业也具备丰富的网点、充足的现金流和会员资源，可以开展金融业务。其中，网点即金融业务的终端渠道，现金流则是业务运作之本，而会员和商户就是业务的首批顾客来源。而能否把这些条件有效地转为竞争优势，能否充分协同零售与金融之间天然的联系，都取决于传统零售商理解消费者行为、适应政策环境、整合产业链资源等的战略眼光与执行力。

（一）为消费者提供更好的服务，容易获得消费者认可

以零售网点布局为依托开展金融业务，可以更好地为消费者提供购物和休闲娱乐服务，容易获得消费者认可。区域零售龙头在开展金融业初期，可采用由点及面、逐步向外拓展的方式。与外来零售商相比，其金融服务有着更强的品牌认知度，也更了解当地特有的消费习惯以及本地企业的经营资质；而与当地的金融机构相比，零售企业所受的政策监管和束缚较少，运作机制更灵活。而布局全国的零售企业，其网店数量及布局通常都更充分合理，因此开展金融类业务时有更大优势。

（二）持续稳定的现金流

持续稳定的现金流是零售行业相较其他消费品行业的主要优势。现金流这一可持续的内生来源，为零售企业的外延式发展提供着基本保障。当行业内没有优质的投资机会时，金融业务带来的丰厚收益率，有望为零售企业带来更多利润，这也是近年来零售企业多次投资理财产品的重要原因。

（三）增强消费者黏性，提高客单价

零售企业努力发展会员，不但有利于增强消费者黏性，稳定顾客群，还

可以通过增加 VIP 增值服务拓展中高端顾客，提高客单价。同时，中高端消费人群的金融消费需求更高，会为零售企业的增值金融服务建立客源基础。

二、构建消费金融

如今，中国经济已经进入转型期，这一时期的新常态决定着未来的经济发展动力。中国人口众多、消费能力强，必然有很大潜力。此外，有了相应的鼓励和扶持政策，消费金融也就有了更好的发展环境。

目前，京东、阿里、百度、搜狐等相继推出了金融产品，苏宁也紧随其后，跨界金融领域，成立了苏宁消费金融公司，并同期推出"任性付"小额贷款产品。

苏宁的"任性付"将个人贷款作为主要业务方向，由苏宁消费金融公司向个人发放消费贷款。之后，第三方机构会依据用户在苏宁易购的消费记录、基础信息做出信用评估。最后，苏宁会参考这一评估，给用户一定期限内的授信额度，先购物后还款。用户申请"任性付"后，可获得最高 20 万元的信用额度，之后便可以在苏宁易购上消费了，免息期为 30 天。

不同于传统的银行贷款，消费金融贷款不需要担保，苏宁给出的最高信用额度是 20 万元。通常，到传统银行贷这笔钱，需要抵押或其他担保，但消费金融公司的最大特点是小额、分散、无担保。所以，苏宁的个人信贷业务和银行一样，但他们主要的顾客群体是中低收入阶层人群。这一阶层的人群很可能在银行申请不到信用卡，即使能申请到信用卡，也不会获得太高的授信额度。

除了苏宁，其他电商平台也推出了类似的消费金融产品。比如，京东推出的"京东白条"业务，阿里的天猫分期和"花呗"等都是消费金融服务。

在互联网时代，消费主体的观念和习惯都发生了巨大变化，必然会有力推动消费金融的迅速发展。二三十岁人群的消费能力是非常大的，他们消费使用的都是移动终端、线上线下相结合的模式，即线上交易线下体验，传统消费模式必然要发生革命性的变化。

参考文献

［1］王晓锋，张永强，吴笑一．零售4.0时代［M］．北京：中信出版集团，2015．

［2］刘润．互联网＋战略版：传统行业，互联网在踢门［M］．北京：中国华侨出版社，2015．

［3］［德］约阿希姆·森特斯，［瑞士］迪尔克·莫舍特，［德］汉娜·施拉姆·克莱．零售战略管理［M］．刘斌，王大群，冯叔君译，上海：复旦大学出版社，2016．

［4］朱相望，王享．"互联网＋"背景下零售业转型与颠覆［M］．北京：企业管理出版社，2016．

［5］张陈勇，万明治．零售O2O心法 招法与实践［M］．北京：中国经济出版社，2016．

后 记

要想实现零售革命，必须遵循变革标准

如今，全球零售业无疑已经进入寒冬，即使零售企业争相竞争、转型，也难以挽回关店潮、倒闭潮、裁员潮和资金链断裂；一批又一批曾经辉煌的企业，正在悄然从消费者的视线里消失，更多人濒临生死线。

某日，一位年轻妈妈在 Facebook 上抱怨，说她刚买的"帮宝适"里有臭虫。很快，另一位妈妈也说，自己曾买到过发霉的"帮宝适"。接着，两人的对话被转发到了 Twitter，并迅速在社交媒体上传播开来，"帮宝适"的销量连续 3 个月都受到严重影响。

对这个故事进行深入思考，就会意识到，已经到了全球零售业发起新革命的时刻。

从第一家店铺出现走到今天，已经发生了翻天覆地的变化。零售生产力和零售生产关系一次次的革新，就是最好的见证。其中，前者起决定性作用。

所谓零售生产力指的是，整个社会或某种零售形式所产生的零售能力，包括购销规模、服务水平和效率等。在不同时期，零售业也进行着自己的变革。概括起来，共经历了以下四次变革：

第一次变革：百货商店的诞生

零售业的第一次革命，就是现代百货商店的诞生。学术界称之为"现代商业的第一次革命"，可见其具有划时代的意义。虽然今天看来这种经营手法十分平常，比如，店铺数量庞大，商品繁多；装饰豪华，顾客可自由进出；明码标价、商品可退换；店员服务良好，对顾客一视同仁；商品分列其中，实施一体化管理等。但对当时的传统零售业来说，已经算是一个革命性的飞跃。

1. 销售方式从根本上改变

在世界商业史上，百货商店是第一次尝试新销售方法的现代大型销售组织，其销售方法之新，表现在以下方面：

（1）顾客可以自由进出商店，不受任何管束。

（2）商品统一标价，对每位顾客售价都相同。

（3）商品陈列量大，顾客可以任意挑选。

（4）顾客购买了不满意的商品，可以退换。

这些销售方式看似普通，却代表着新兴零售模式的诞生，是零售销售变革的重要转折。

2. 经营模式从根本上改变

最初的百货商店，其最大特点是有很多商品部。这些店铺就像是一个屋顶下的"商店群"，每个部门负责某类商品的进货和销售。而且生活用品是百货商店的经营重心，按照不同商品及不同销售部门经营，虽然单体部位规模不大，但因为它们汇聚在一个经营体中，自然就会形成一个综合经营的大量销售组织。这种综合经营的规模，要比之前的杂货店和专门店庞大得多，适应了大量生产、大量消费需求的根本性变革。

3. 组织管理从根市上改变

对传统的杂货店和零售店而言，店主不仅要亲自营业，还要同时负责人、钱、物的管理，百货商店则颠覆了这一管理。

百货商店一般都规模庞大，需要同时经营若干系列的商品，会自觉地根据经营活动分化出若干相对独立的专业性部门，实行分工兼合作；在工作管理上则分层进行，会制定统一的计划和组织管理原则，各个职能管理部门只要分头执行即可。

由此可见，百货商店革新的管理模式，就是在一个统一的计划和机制下，按商品系列实行分部门、分层次地组织管理。

第二次变革：超级市场的诞生

1. 新革命大爆发

超级市场是零售革命爆发的一大标志，其对零售业以及整个社会的变化和发展具有以下影响：

（1）开架售货开始流行。虽然不是超市首创的开架售货模式，但却是由超级市场推而广之的。超级市场最大的特点就是自选购，这一模式不仅对原有的零售形态形成了有力冲击，还影响了新兴的零售业态，比如，后来的便利店、折扣商店、货仓式商店等采用的都是开架自选或完全的自我服务形式。

（2）大大节约购物时间。如今，很多女性都走出家门，走进了社会，在家的时间减少，不再把购物当休闲，要求购物更快捷、更方便，超级市场的出现正好满足了人们的这种需求。将各类原本分散经营的商品集中起来，极大地节省了人们的购物时间，给人们带来一种全新的现代生活方式。另外，关联商品陈列和统一结算，也有效节省了人们选购商品和结算的时间。

（3）购物环境更舒适。超级市场不同于生鲜农贸市场，整齐、干净、舒适，可以使人们购买任何商品都能享受到乐趣。

（4）商品包装跟着变革。开架自选的模式，倒逼生产厂商设计全新的商品包装，拉开了包装、标识等方面的竞争序幕，催生了很多标识突出、装饰美观、大中小包装齐全的品牌，也使商场显得整齐、美观，营造了更好的购物环境。

2. 革命产生背景

超级市场的出现和发展，也有其历史必然性，其产生背景是：

（1）经济危机是重要导火索。20世纪30年代的全球经济危机给人们带来了深远影响，居民购买力严重不足，致使零售商纷纷倒闭，生产大量萎缩，店铺租金持续降低。而就在这时，超级市场利用那些租金低廉的闲置建筑物，用更省人工成本的自助购物方式，再加上薄利多销的经营策略，实现了低价销售，很快就吸引了受困于经济危机的广大消费者。

（2）生活方式改变是关键催化剂。"二战"后，投入工作的妇女越来越多，人们生活、工作节奏日益加快，城市交通越来越拥挤，原有的零售商店并没有为顾客提供足够的停车设施，许多消费者都期望到商场只要停一次车就可以把一周的必需品都买齐，超级市场应运而生。

（3）技术进步是基本发展条件。制冷技术和设备的发展，使得长期储备各种生鲜食品成为可能；再加上包装技术的完善，使得超级市场可以为顾客自选提供方便；而随着电子技术在商业领域的推广应用，超市可以充分利用电子设备，这样就极大地提高了售货机械化程度。同时，冰箱和汽车的普及，也使消费者实现了大量采购和远距离采购的需求。

第三次变革：连锁商店的兴起

连锁商店是现代大工业发展的重要产物，与大工业的规模化生产要求是相适应的。其基本特征主要有四个：

1. 标准化管理

连锁商店分店通常都有统一的店名、统一的商标、统一的装修，而且营业时间、员工服饰、商品价格、活动宣传等方面都保持一致，形成了标准化的整体形象。

2. 专业化分工

在连锁模式中，总部职能是连锁，门店职能是销售。从外表看，这和单体门店没什么太大区别，但实质上却不同。总部的职责是研究整体经营技巧，并直接向分店经营做出指导，这就让分店消除了依靠经验管理的弊端，大幅提高管理水平。

3. 集中化进货

每次进货都由总部集中进行，商品批量大，可以获得较低的进货价格，在价格上取得竞争优势。同时，各门店统一进货，很好地克服了进货的盲目性，商品库存减少，有效降低了库存成本，保证了销售的需要；销售由各门店专门负责，有更多时间和方法组织推销，加速了商品的周转。

4. 流程化作业

为了减少经验因素对经营的影响，连锁商店通常都会进行简单的、流程化的作业和商业活动。为了达到事半功倍的效果，必然要在各环节上制定规范的运作规程，精简过程。

第四次变革：信息技术孵化中

进入信息时代，零售业也经受着网络技术发展的洗礼，其影响绝对超过前三次生产技术的革新，其深度和广度都不能同日而语。网络技术即将引发零售业的第四次革命，甚至可以改变整个零售业。从下面四个方面，我们就能看出这种影响：

1. 网络技术打破时空壁垒，店面选择不再重要

在传统零售经营中，店面选择曾占据了极其重要的地位，甚至有人说传统零售企业想要经营成功，唯一需要看重的因素就是："Place，Place，Place"（选址、选址、还是选址），因为客流就是商流，没客流就没收入，客流量的多少直接关系零售经营的成败。

但到了信息时代，网络技术让商家不再受限于空间，只要肯动脑筋、花时间、下功夫，都能将目标市场扩展到全国乃至全世界，真正实现市场国际化。对传统门店来说，地理位置已经不再重要，要立足市场，更多的是要依靠经营管理的创新。

2. 销售方式发生巨变，新型业态强势崛起

随着网络时代的到来，人们的购物方式也发生了翻天覆地的变化，现在

的消费者已经从过去的"进店购物"变为"坐家购物"，即使足不出户，也可以在网上轻松消费，大大节省了跑商场的时间和精力。这种购物方式的变化，必然会迫使一些新的销售方式应运而生，网络商店就是其一。这种崭新的零售组织形式，给人们带来了变革的曙光。

3. 零售企业内部组织亟待重组

无论是企业内部还是与外界的关系，传统的部分渠道和信息源都会被网络技术所代替，同时对零售企业的组织带来重大影响。面对这些影响和变化，零售企业必须进行组织再造。特别是随着网络的兴起，企业内部作业方式也会改变，员工的学习成长方式也随之改变，员工的独立性与专业性进一步提升。这些都是零售企业必须进行组织重整的推动因素。

4. 经营费用大幅下降，销售利润进一步降低

在信息时代，所谓网络化零售经营，实际上就是逐渐熟悉新的交易工具和交易方式的过程。通过网络化的经营模式，不仅能有效降低内外交易费，还能为零售商节省很多费用，如人力成本费用、仓储费用、物流管理费用、仓储成本、店面租金费用、内部沟通费用、互联网宣传营销费用、消费者信息数据获取费用等。

此外，网络技术帮助人们克服了信息沟通障碍，使得任何人都可以在网络上漫游、搜索，直到找到最佳价格商品。这样，必然会使市场竞争更加激烈，致使零售利润进一步降低。

零售变革代表着社会进步，反过来又促进着社会发展。回顾整个零售业发展历程，每次业态和经营方式的变革都围绕一个中心议题——怎样降低成本、方便购买。这不仅关系着零售业自身的市场竞争力，还直接关系着广大

消费者的经济利益。

从最初的行商到后来的坐商，从零售形式到批发管理，从小商小贩到零售集团，不是任何一种改变和创新都算得上真正意义上的零售革命。真正的零售革命，必须同时具备以下五个条件：

（1）节约流通成本。每次零售革命都会降低社会流通成本，不仅能提高企业微观效益，还能改变投入与产出的关系，使整个商品流通速度加快，流通过程缩短，流通费用减少。

（2）具有普遍推广价值。要在全行业掀起零售革命的创新和变革，包括业态、经营形式、流通方式，必然是整个行业的经营模式的选择，它可以在全行业推广、实行，并成为一种普及的流通方式。没有行业性，革命性就不存在，充其量只是个别企业的一次自身变革和创新。

（3）普惠消费者。消费者是最大的受益者，可以降低消费者的货币成本，节约更多购物时间，方便购买，这些结果是衡量零售变革有没有发生的最重要条件。只有让消费者受益，零售改革才能留存并发展，才可普遍推广、持续发展，否则只能算是一次性、局部性的轰动性营销措施，谈不上零售革命。

（4）引发流通变革。商业领域的很多职能都集中体现在零售业的职能里，它的变革必然会给整个流通领域中的各个环节带来或推动变化的发展，包括创新组织结构、运行规则、管理模式和物流配送等。

（5）社会反响。零售革命是典型的社会性行为，必然会带来巨大社会反响，引导生产、指导消费，不仅有利于推动生产发展，实现制造、加工、包装、分类上的工艺和流程创新，还有利于转变消费观念，促进新消费模式的诞生。这些都涉及社会的各个方面，会对各行各业造成影响。